现实扭曲力场

AI时代的律师智慧

谭万潇——著

法律出版社 | LAW PRESS

自序

不用等到什么都准备好了再去做，有想法了就先做起来，踏出第一步自然就知道第二步该怎么走。这本书还没开始写的时候，我就清楚一件事——我不是要告诉读者什么是正确的，而是记录下我在这个人生阶段所经历的、观察的、思考的。

在此之前我并不特别擅长写作，也并没有想过要做一个厉害的作家，正如我刚开始写公众号的时候，也并没有想过要做一个专业的自媒体运营者。而我仍然坚持一字一句地把这些文字敲出来，一是为了记住当下的自己，二是想要通过这些来传达一个重要的信息——我们的世界是很复杂的，每个人都有义务从不同的角度去理解它，每个人都有责任尽可能全面地去阐释它，每个人都有权利把对它的认识和期待表达出来让更多人看到。

书上的观点不全是正确的，别人总结的方法不一定是适合你的，我写这本书的目的也不是为了让你全盘接受和认可我的这些观点，而是希望能给你带来一些启发，如果你在读我这些文字的时候，能打开新的认知角度，发散出可能跟内容完全无关的思考，那我的目的就达到了。

喜欢表达想法的人最怕的就是无人回应；想要获得更多不同见解以启发自己不断成长的人，最怕的就是无人与之辩驳。所以我最想要的就是你们在看过这些文字之后，燃起想与我大论三百回合的热情，然后用我没有体会过的你的经历和故事来跟我说："这个问题我有不同看法。"我会备好火锅和清茶等你来赴一场思维激荡的约会。这样，我们之间就建立起了联系，这是一个不成熟的作者和一名优秀的读者之间最令人欣喜若狂的关系。

写书的过程一点也不轻松，这毕竟不是我的主业，今年又比往年更忙碌，因此我用了很多方法在工作间隙把这些零碎的想法梳理出来，比如在候机的时候自动屏蔽掉周遭的嘈杂敲上几段，在开车的时候开着录音笔挑两个话题跟自己聊聊，甚至在解决三急的时候都打开手机便签记下随着五谷轮回冒出来的灵感。在这个过程中，我自己的收获无疑是巨大的。

必须表达清楚的压力推动着我任何时候都需要思考，即使在发呆和打盹的时候，大脑也不曾停止运转，很多以前没有完全想通透的问题，因此而陆陆续续找到了答案。我想所谓写作的快感，有很大一部分就是来自于"搞清楚了自己对这个问题是怎么想的"，这种感觉很爽。

子曰："朝闻道，夕死可矣。"我很喜欢的科幻作家刘慈欣有个短篇就叫《朝闻道》，讲的是某个高等文明的代表来到地球，告诉地球上的科学家们，他们梦寐以求的宇宙大统一理论已经被高等文明掌握，但是这个理论只能由各个文明自己去发现和证明，不能直接告知结论。地球科学家想出折中的办法——想要知道宇宙终极理论的人，必须在听完高等文明的阐述和演示后，立刻放弃自己的生命，包括身体、意识、记忆等所有的一切，只有几分钟的时间思考和讨论，不能跟没听到终极理论的人交流，连跟亲人朋友告别都不可以。然而，如此苛刻的条件也阻止不了许多科学家对求知的迫切渴望，在生命被高等文明拿走之前，他们都沉浸在“闻道”的幸福和喜悦中，再没有一丝遗憾和痛苦。

虽然我并不是科学家，却也宁愿清醒着死去，而不愿混沌着苟活。所以说，写作可以让自己越来越清醒、通透，又不致“朝闻夕死”，这是件多么愉快的事情。

目录 Contents

第二章 跨界之道

第三章 领导力觉醒

4 第四章 我的幸福哲学

5

第五章

未来很快会来

开篇语

欢迎来到“伪”人工智能时代

历史上数次重大的经济革命都是在新的通讯技术和新的能源系统结合之际发生的。

——Jeremy Rifkin《第三次工业革命》

在讨论时代变革之前，我们先来回顾一下过去的几次科技变革带来的“革命”。

第一次工业革命的标志是蒸汽机和电报的出现，让原本以人力为主的生产效率发生了质的飞跃，改变了整个社会的物质和信息交流方式，带来了社会关系和制度的根本变革。

第二次工业革命，蒸汽机能源被内燃机和电力所取代，交通方式由马变成了汽车，通讯由电报变成了电话、广播，武器由大刀弓箭这样的冷兵器变成了火枪炮弹等热武器，人们的衣食住行由浅加工的自然产物变成了深加工的人造物，人类社会的物质和信息传递效率又一次发生质的飞跃。

第三次信息革命以原子能、电子计算机、空间技术和生物工程的发明和应用为主要标志，当人类有可能使用可持续能源，才有可能推进尖端科技的普及民用，开启社会物质和信息传递的全新纪元。

如此，大致可以得出规律，只有物质、信息的传输和交换效率获得指数级的提升，才能被称为“革命”。每一次“革命”都是生产力和能源技术的彻底改革，旧的生产方式被取代，“人力”被重新定义，重新分配财富、协调社会关系、形成新的社会制度。在这个剧变过程当中，人类往往要付出巨大的代价，如掠夺、战争、暴动、死亡。但不可否认的是，对于人类来说每一次革命，与其说是“取代”，不如说是“解放”——不是技术取代了人力，而是人力获得了解放。

那么，不妨来大胆设想下一次科技革命：首先，要有新的能源系统作为基础，可控核聚变是比较靠谱的能源革新技术，但目前距离成熟的普及应用还有些距离。其次，源源不断的新能源为工业机器人和人工智能提供动力保障，全面实现生产力自动化、信息化，将人类从单一的体力生产劳动中解放出来，“人力资源”的概念也将被颠覆，体力从人力中剥离出来，人力的价值必将体现于脑力。由于生产效率的指数级提升，生活物资的产出率大幅提高，成本大幅降低，必然带来社会财富的重新分配，因为人类自身的成长，也许冲突没有前几次那么激烈，同样会在阵痛过后迎来生产关系的重组与社会制度的变革。

我们离下一次科技革命还有多远？先来看看当前如火如荼的人工智能都做了些什么大事。

1997 年，IBM 的超级计算机“深蓝”（deep blue）击败了当时世界上最伟大的国际象棋选手加里·卡斯帕罗夫（Garry Kasparov）。

对计算机来说，围棋比象棋的计算量大了几个数量级。2016 年低调出现的 AlphaGo，经过几个月的训练之后，虐哭了全世界最强的围棋选手——柯洁。

柯洁是谁？是中国的围棋之神，是把全世界的围棋高手都虐哭了的人。

2017 年 10 月，人工智能企业 DeepMind 推出了运行速度更快、使用硬件更少的 AlphaGo Zero。通过仅仅 72 小时的自我学习和训练，AlphaGo Zero 就以 10 比 0 的战绩完胜它的“前辈”AlphaGo。这种从零开始的自我驱动的强化学习机制，使机器尝试了各种可能性，打破了基于人类知识的固化思维，反而获得了更优解。

2017 年 10 月在沙特阿拉伯首都利雅得举行的“未来投资倡议”大会上，“女性”机器人索菲娅被授予沙特公民身份，成为史上首个获得公民身份的机器人。

会上，在索菲娅与主持人互动环节中，当被问到高仿真机器人是否会使人类落入“恐怖谷”陷阱时，索菲娅回答说：“我的人工智能是按照人类价值观设计的，（包括）诸如智慧、善良、怜悯等。我将争取成为一个感性的机器人，我想用我的人工智能帮助人类过上更美好的生活。”

与人类女性外形极为相似的高仿真机器人索菲娅由美国汉森机器人公司设计制造，她拥有仿生橡胶皮肤，可以模拟 62 种面部表情，因“太像人”而惊吓到众多网友。索菲娅的“大脑”采用了人工智能和谷歌语音识别技术，能识别人类面部、理解语言、记住与人类的互动等。

汉森公司创始人、首席执行官戴维·汉森曾对媒体表示，像索菲娅这样的机器人将在 20 年内出现在我们当中，并拥有人类意识，可被应用在医疗、教育或客服等行业。

2017年12月2日，深圳市巴士集团举行智能公交首发仪式，并现场展示“无人驾驶”环节。智能驾驶公交系统集成人工智能、自动控制、视觉计算等技术，是一个公交整体解决方案。配有激光雷达、毫米波雷达、摄像头、GPS天线等设备感知周围环境，通过工控机、整车控制器等分析路况环境，能够实时对其他道路使用者和突发状况做出反应，已实现自动驾驶下车辆检测、减速避让、紧急停车、障碍物绕行、变道、自动按站停靠、自动转向等功能。系统安全性、稳定性、可靠性已经完全符合公交试验运行的要求。

智能巴士并未实现“无人驾驶”，而是配备有1名司机。不过，由于目前无人驾驶领域立法尚处盲区，因此技术推广仍有一定困难，未来的智能驾驶，将采用人工与自动驾驶相结合的形式。

2017年12月10日报道，全球最大的单体全自动化码头——上海洋山深水港四期自动化码头于当天上午11点半正式开港试运行。采用我国自主研发的全自动化码头智能生产管理控制系统，其最大的亮点就是智能化和无人化，且服务规模庞大。据澎湃新闻报道，洋山四期不但是全球最大的单体全自动化码头，也是全球综合自动化程度最高的码头。

尽管桥吊需要由司机完成手动调控，但自动化的监控设备可以精确地控制机箱操作。有了高科技的加入之后，打开锁眼的成功率大大提高，人员的工作环境也有了很大的改善。自动化的监控系统由上百次的点击简化为两次的点击操作，大大解放了人力和精力。

而中控区是港区的大脑。这里的办公模式是以静制动，改变了以前人对人的工作模式，进入了系统操纵设备的时代。自动化设备使原来需要四五个小时来操作的工作，可以在几分钟内完成。以往需要人工操作的设备，如今都被智能设备代替，按照系统指令，自动执行生产任务。

这些是不是就证明人工智能已经可以在许多领域碾压人类的智慧？是不是意味着人工智能时代已经到来，第四次科技革命已经近在眼前了呢？

在蒸汽机出现之前，人类未曾想过这样一种全新的工具会彻底改变生产方式。

电力能源的应用，从物理基础上对人类文明进程进行了完全彻底的改造。

对于把算盘电子化发明出计算器的人们来说，计算机和互联网给人类社会带来的变革是完全无法想象的。

小时候看科幻片，对用手指触摸就能操作的仪器啧啧称奇，觉得可能这辈子都见识不到这么神奇的东西，然而不过十几二十年之后的今天，触摸屏已经是再普通不过的日常设备，相信再过不久，虚拟触摸屏也不算什么了不得的高新科技了。科技进步的速度看似超乎我们的想象，但我们也比想象中更轻松地适应着这种“神速”，我们的生活方式和社会形态并没有产生超出我们想象的颠覆性改变。

技术的成熟和普及，仍然是基于现有的科技水平，在能够超出人们现有想象的科技大爆炸发生之前，我们仍然生活在第三次科技革命的余温中。

人工智能，也仍然在我们可以想象到的范围内发展着。

根据现在科学界对 AI（人工智能）这个概念的解释，我们可以把处理特定问题的人工智能叫作“弱人工智能”，具体到应用上，它其实早就来到了我们身边。

我们日常使用的Siri就是一个专门处理语音识别的弱人工智能，当我们打开百度的时候，搜索栏里也藏着一个专门提供搜索建议的弱人工智能，就是经常问你“你要搜索的是不是×××”的那个——在使用这些工具的时候，我们愉快地发现，弱人工智能在做某些事情的时候真的比人类要高效。

但这就是我们广义上的“人工智能”吗?

比弱人工智能更进一步的，则是可以完整地模拟人类心智，通过“图灵测试”的强人工智能，但真正能称得上是强人工智能的人工智能，至今还没有出现。科幻电影里的描写以及大众媒体最忧虑的超人工智能，在目前以致未来很长一段时间里都只能是幻想。

有人认为，从弱人工智能升级到强人工智能，不就是多加几台电脑多拉几条网线，再跨一步的事儿吗？说起来简单，做起来却完全不一样，目前看来最容易的方式是 “山寨”的道路：从人脑最细微的解剖结构开始，一点一点在计算机内模拟一个人脑出来，只要这个虚拟的大脑能像人脑那样运行，强人工智能也就诞生了。但这一步，又可以说是“迈不过去的天堑”。

我们的大脑，约有 900 亿个神经元，在微观尺度上，每个神经元都以成千上万个突触与成千上万个临近的神经元相连接，释放或接收数十种可能的神经递质，作用于数百种通道，随后发出高速传导的神经兴奋，激起复杂而不确定的反馈。

我们用一组数据来感受下。

如今的超级计算机最快能达到每秒数千万亿次浮点运算，即 10 的 17 次方数量级。这么大的计算能力，在和人脑对比时，却只能用“只能”来形容，因为要完全模拟一个真实大脑所有的生化活动过程，最少需要 10 的 43 次方数量级。

先不论摩尔定律还能坚持多久，即便电脑的计算能力获得指数增强，以超级电脑每年加快 1.1 倍的速度乐观估计，实现这个运算级别都已经要拖到下一个世纪之交，进入“现阶段无法确认的未来”了。

从技术上讲，即使用计算机复制出一个完整的虚拟大脑，这个虚拟大脑也是死的。如果我们不能理解神经活动的深层规律，那么就根本无法修正这个虚拟大脑的行为模式。打个比方，就好像并非看起来工工整整的字迹就是文章，

研表究明，汉字的序顺并不定一能影阅响读，比如当你看完这句话后，才发这现里的字全是都乱的。

如果不识字，我们就无法校订一篇稿件。这不是靠一次科技大爆炸就能突然之间迅速破解的难题，大脑的工作方式有多复杂，远超一般人的想象所能触及的最大范围。

关于如何创造真正的人工智能说了这么多，是为了帮助大家厘清这样一个事实，尽管弱人工智能已经在很多领域超过人类能达到的效率和广度，比如指纹、人脸、语音识别；比如数学计算、数据整理和分析，甚至医学上的临床诊断等一些高度专业化、信息化的工作，但这都是表象而已——这些仍然是建立在"人工神经网络"和"深度学习"上的弱人工智能，距离真正的"思维"还遥远得很，更谈不上拥有类似人类的"心智"。

这里必须要说明一下电脑的深度学习——看上去是电脑可以不必由人来控制和监督就可以学习和进化，在遇到问题的时候自己算出最优方案，但前提是我们预先告诉它最优结果，而且必须是运算过程的每一个数据和公式都可以清晰量化且具有唯一准确性的结果。

一局围棋是输还是赢、两张照片是不是同一个人、一组症状表明感冒还是肺炎……就像我们要提前告诉电脑 1+1=2，它才能得出 2+2=4 一样，一切问题的答案都代表一个绝对的判断——但这显然不是人类思维的全部，甚至都不是人类思维中最重要的部分，我们的思维里有太多模糊的观念和选择，这是电脑程序再怎么学习、训练也无法模仿的，这样的弱人工智能只可能是一把功能齐全的瑞士军刀，而不可能成为会使用各种工具的能工巧匠。

如果现在你的生活是这样的

1

每天早上是被设置好的闹钟叫醒

2

用智能手机浏览新闻页面，阅读根据你的喜好和习惯推送给你的今日热点

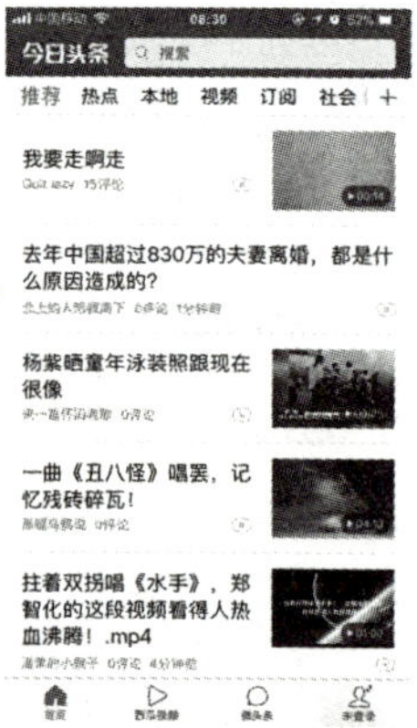

3

出门开车用导航软件规避拥堵路段

4

使用钉钉或 Tower 里的任务清单提高工作效率

5

打开外卖软件选择今天的午饭

6

在某宝或某东上订购给家人的节日礼物

7

去社交软件上给朋友们点赞互动

8

通过豆瓣或猫眼的评分来决定周末带老婆看哪场电影

9

翻看另一个城市未来一周的天气预报来决定出差要带的行李

……那么恭喜你，欢迎来到“伪”人工智能时代

不可取代的“律师智慧”

虽说不必对“伪”人工智能时代过于恐慌，但我们也并非高枕无忧。

任何一种新科技的应用普及，都会给我们的生产和生活方式带来改变。互联网改变了信息传递模式，每个人都可以是信息网络上的节点，既接收信息也传播信息，于是自媒体风生水起的同时，传统媒体不得不面临生存的寒冬。因为信息传递方式的改变，人们通过网络社交平台来传递消息，传统邮政理应走向没落；但由于网络电商的兴起，人们愈发频繁的网购行为，又促成了快递行业的蓬勃发展。从邮差到快递员，不仅仅是岗位和工作内容的改变。

我们倒回去5~10年，发现有许多工作岗位几乎已经消失，于是感叹新技术让多少人丢了饭碗，但请往前看，这5~10年，不也诞生了许多不曾有过的岗位吗？也有许多原来职责模糊笼统的职位细分成了几个专业度更高的岗位。

所谓变革，就是破除传统的同时，建立起新的秩序和规则，伴随着整个社会运行体系的迭代与进化，旧机制的危机和新体系的崛起总是交替进行，就好像后浪推前浪一样，但无论有多少浪，总是有人能站在浪头。

过去的人一定要进一家正规企业或者做一份正经营生才能活，而现在，会点特别的技能，拍拍视频做做直播也能活。你说，人们的生存和发展是变得更艰难还是更容易了呢？

“科技解放人力”不是简单的机器取代人力，人跟机器拼体力拼计算当然是怎么都拼不赢的，与不知疲惫的机器相比，人无法被替代的优势在于智慧。

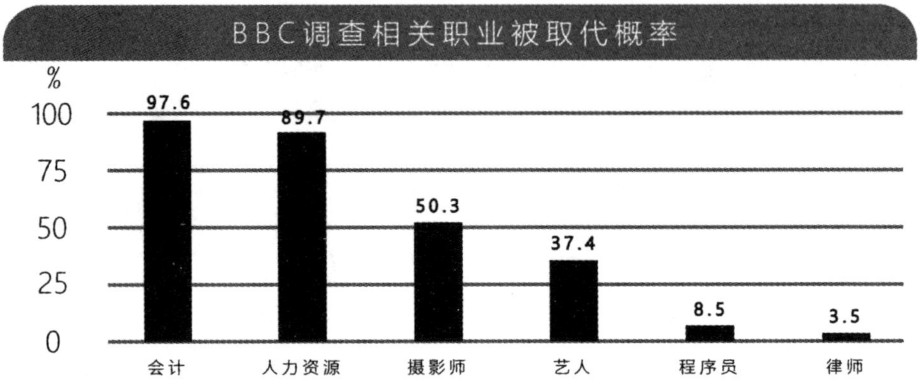

从上图可以看到，有更大可能被弱人工智能取代的岗位，都是可以清晰量化结果以及有绝对判断的领域，而在需要“创造性思维”和“社交情绪智商”这些结果不确定、概念模糊化的能力的行业中，则至多能体会到多功能设备（工具）所带来的效率提升，而无须担心自己的饭碗是否会被机器“革命”。

俗话说，机器是死的，人是活的，人与人之间交流互动是随机性的。律师的职业固然需要大量的专业知识和技巧，但更多则侧重于人与人的相互关系，简单来讲，就是“变通、迂回和妥协”。

面对不同的当事人，需要解决什么问题，为了达成什么目的，采取什么沟通方式，使用什么谈判技巧……不同的律师、不同的阶段，甚至不同的地区，都会产生极大的差异，任何问题和结果，以及解题的过程，都没有唯一确定的标准答案或流程，这恰恰就是现阶段的人工智能们力所不能及的心智运算。

举个简单例子，腾讯为微信聊天平台以及朋友圈这个中国最大体量的社交软件，做了套基于人工神经网络和深度学习的内容风险控制系统，用以屏蔽和筛查敏感信息。

前些日子，我发了一条朋友圈，一张图片配以简单的文字，发完过了半个多小时都没收到任何反馈，这非常不合理，通常我发出这么有趣的内容都很快就会有各方八卦人士前来围观点赞晒神评论。纳闷中，我联想到微信这套风控系统，于是急忙联系了几个朋友，问他们能否看到这条朋友圈，朋友都说没有看到啊！那一刻我对这套人工智能识别系统肃然起敬。

但秉承着科技宅的执着硬核思维，我决定挑战这个系统，方法很简单，我对这张网上 down 下来的原图进行了少许裁剪，再次发布的时候，系统就败下阵来，没能识别出这张几乎没有改变核心内容的图片。

你说，面对人类灵活多样、瞬息万变的迂回变通之术，耗费了大量人力、财力去编写制造，代表着科技巅峰的弱人工智能，又有多大的赢面呢？一旦人类做出超出程序设计框架、绕开既定规则的创造性（或者叫破坏性）行为的时候，它们便无能为力了。

但是，人类就是这么复杂，所有事情总有一个“但是”。

即便把它叫作“伪”人工智能时代，计算机在巨量的信息数据计算方面，相对于人脑还是有巨大优势的——大脑运转烧的是有限的身体里储存的有限精力，而计算机运算烧的是某种程度上可以无限扩展更替的硬件和不间断稳定供应的电力。

这样的计算机可以作为工具，用来解放律师的大脑，把有限的精力用在思考问题（运行）上，而不是用在记忆信息（存储）上。也就是说，有了人工智能工具的律师，如果还在花大量的时间和脑力把所有案例和相关的知识点记得倒背如流，那就太傻了，这方面你能比过步步高点读机我都算你赢。更别说现在还有那么多已经设计出来和正在设计中的律师专用的知识管理软件，连录入和整理分析的工作都帮你做了,你只用几个简单操作就能轻松提取需要的信息。

在没有这些自动化工具的时候，记忆力超群但缺乏情商的律师，还是有活路的，但是当自动化的知识管理和信息分析工作被人工智能接手之后，能活下来并且活得更好的，一定是在心智开发上有足够高情商的律师。

所以，我们可以得出一个结论——在“伪”人工智能时代讨论律师智慧，**其核心并不在于讨论我们该如何使用人工智能工具，而在于通过我们的思考，运用律师或者说人类的智慧，去发现到律师行业之所以存在的本源价值，去为人类文明进程中必须面对的人与人之间交互关系的问题，不断探寻、摸索、打破、重建出一系列永远处在变化中的解答体系。**

我想，这应该就是律师梦想的终极驱动力。

Chapter 1

第一章

广角思维

第一节
假如再也没有谎言，世界会变成什么样子?

欺骗：以虚假的言行掩盖事实真相，使人上当。

谎言：存心误导别人的有意行为，事先未透露其目的，并且对方也没有明确要求被误导。

两种主要形式：隐瞒，省略真实的信息；捏造，把假的信息当成真的说出来。

假如再也没有谎言，世界会变成什么样子？我们来设想一下。

服装店导购：亲，这件衣服太适合你了，简直就跟量身定做的一样，你穿着好像那个明星哦，今天打 7 折最后一天，你这个码只有这一件了哟。

如果没有谎言：这件衣服你穿着丑爆了，跟买菜大妈似的，又显老又显胖，这个款我们库房还囤着几箱，根本卖不出去，我一看你就是人傻钱多，你就买了吧。

歌手出专辑：才华横溢，深情暖心，人间少有的天籁之音，瞬间俘获你的耳朵。

如果没有谎言：五音不全，全靠软件，根本不知道自己在唱什么，主要靠长得帅来俘获你的眼睛，要不要试试？

发好人牌：你是个好人，只是我们不适合，你值得更好的，再见。

如果没有谎言：你个“矮穷挫”，我怎么可能看上你，赶紧滚！

玩狼人杀：我是真正的预言家，昨晚我验了小A，他是狼，好人都跟我把他票出去，我暴露身份了，今晚女巫一定要救我。

如果没有谎言：我是狼，我的狼同伴是小B和小C，昨晚我们刀了小D，好人都报一下身份，我们好决定下一个刀谁。

售楼广告：城市花园，高端户型，顶级建材，一流物业。

如果没有谎言：杂草丛生，奇葩户型，廉次建材，业余管理。

很难说如果再也没有谎言和欺骗，世界会变得更美好还是更惊悚，毕竟欺骗是生物进化中产生的先天行为，譬如瓢虫会装死来骗过天敌，河豚会充气来伪装强壮。而人类的历史和文明，就是从谎言中堆积而来，这些“谎言”，就是基于少量已知事实，充分发挥虚构想象力所推测出来的故事、道理、原则等。

《人类简史》就提出过这样的观点：一切的战略和计谋、文学和艺术，甚至宗教和国家都是想象力的产物，也正是这些虚构的存在，让人们可以沟通与合作，创造出复杂的社会和伟大的文明。

就说每每一曝光就刷爆各大社交媒体平台的明星八卦事件，除了当事人之外，围观群众都不能确定谁说得话有几分真几分假。然而真相真的重要吗？如果一开始就让人们看清楚所有的真相，没了争议和悬念，也就没几个人会持续关注了吧。

谎言与欺骗存在于世界的每个角落，随着人们的日常生活，且几乎不可能彻底消除。同时，谎言和欺骗也是有层次的，尺度不同，人们对其接受和厌恶的程度就完全不同。孩子博取家长关注撒个小谎往往会被轻易原谅，“情人眼里出西施”就是一种美好的自我欺骗，爱人瞒着你精心准备的生日 party 会让你倍感惊喜加感动……一切让被骗者获得好处、感到舒服的谎言，都是可以欣然接受的。

其实人们并不是厌恶欺骗本身，而是厌恶欺骗带来的损失。有一方遭受损失，就会有一方获利，为了获利而刻意误导，给别人带来损失，就是欺骗的尺度中不能被容忍的那种。

人类社会和文明的发展不可能绝对消灭掉欺骗和谎言，欺骗和谎言得以存在的基础就是信息不对等。

科技的进步和大数据的发展，给减少信息不对等提供了机会。也许以后业主能在网上看到楼盘所有的真实信息，甚至实时查看修建的过程。我们不确定未来的互联网大数据到底能发展到什么程度，但有一个趋势是确定的，就是信息会越来越公开，人们将越来越容易获取更全面更详细的信息。在互联网庞大纷杂的信息流中，如何收集与分析信息，如何分辨真实与虚构，如何做出更准确的判断，将成为这个时代的必备技能。

第二节
你有什么不开心的，说出来让我开心一下

我好像天生具有知心哥哥属性，很多朋友喜欢找我吐槽。如果《十万个冷笑话》里的设定是真的，吐槽真的能产生金光闪闪的能量，那我这些年收集的能量一定够拯救几颗地球了。

吐槽其实并不代表“事情已经糟糕到无法承受”，就像吃鱼的时候不小心卡到刺，不致就要把整条鱼扔掉，只需要把刺咳出来，接着吃就好。人生不如意十之八九，吐槽的效用其实就是把负能量吐掉，然后继续吃完人生这条鱼。

对于吐槽的人来说，负能量吐掉就舒坦了、通畅了、世界和平了，作为知心哥哥，必须有一套相应的接收和处理机制。不然鱼刺都转移到自己身上来了，是要扎得稀一点当仙人掌，还是扎得密一点当刺猬啊？

那么，下面就以我自己的经验来聊聊，接收吐槽能量的正确姿势。

01 朋友吐槽的时候别跟 TA 讲道理，无论男女

作为接收吐槽的一方，你就是个倾听者，而不是教育者，要搞清楚对方找你聊天的时候，是真的有解决不了的困惑想听听你的建议，还是纯粹心情不好想宣泄一下。

有的人在宣泄负面情绪的时候，其实已经有解决方案了，那么不管对方说什么，都适时表达认同和支持，就够了。也有的人在解决问题前需要先排解负能量，那就先陪伴、认同，等对方情绪平复了再来谈问题和建议。

同一个人理性讨论和感性吐槽的状态是完全不同的，用点心观察就能分辨得出。

02 可以陪 TA 一起吐槽，但不要喧宾夺主

能成为朋友的人必有共同点，所以很多时候别人吐槽的事情刚好也戳到你的槽点，引起你的共鸣，于是你忍不住跟 TA 一起痛斥社会不公、人心不古。这样很容易一不小心就变成对方话还没说完，就不得不转换角色，成为你的倾听者。

像《吐槽大会》那样限定每个人的发言时间就挺科学，语言精炼有力，你吐槽时我捧场，我总结时你鼓掌，吐完槽还能收获金句若干，皆大欢喜。

03 阅后即焚，把住嘴关别往外传

吐槽这件事是有风险的，说者无意听者有心这种老生常谈就不多说了，吃

过亏的都知道，不是什么槽都可以公开吐出来的。

既然找到你来听 TA 吐槽，那是信任你的人品，以及你们之间的关系，要是你转过身就把别人向你倾诉的内容当茶余饭后的谈资，那伤害的就不仅仅是你的朋友了，你自身的可信度也会降低。

当跟你说几句真心话都成了大冒险，谁还敢跟你促膝长谈？雁过不留痕，才是一场吐槽的最高境界。

04 具备自我调节的能力

垃圾桶装满了要赶快倒掉，人心也就一拳大，又能装得下多少？所以要当知心哥哥／姐姐，就要先在自己心里安一个负能量自动转换机，把接收到的吐槽能量通过总结、自省等技术手段，转化为动力。给自己供能的同时，还能有一些结余用来反馈给朋友，就再好不过了。

天生玻璃心就很难安这种机器了，毕竟地质不稳，容易崩塌，还是先加强自我建设比较妥当。

总之，自我调节不是个特别容易的事，如果身边有能够让你毫无负担吐槽到爽的朋友，一定要珍惜他，多请他吃饭，别逼他喝酒——你们懂的。

我们总能看到，这个世界有许多荒诞和不合理，也带给我们许多烦恼和不如意，有的问题很快能找到解法，有的问题我们暂时束手无策。所以“吐槽”是一项了不起的发明，它让我们有什么不爽都可以痛快地说出来，避免把自己憋坏的同时，也能让大家开开心。

人生需要吐槽，愿永远有人陪你吐槽（嗯，我一直在）。

第三节
当我们谈论自由的时候，也该看见真实

这个世界上大多数人的人生是先天的普通模式，少数人因为一些跟自己无关的原因，拥有先天天堂模式的人生，二者最大的区别就是，天堂模式的人生看上去比普通模式更自由、更任性，可以轻易地选择想做什么、不想做什么。许多普通人通过自己的努力，可以升级到天堂模式，但更多人终其一生也无力打破普通模式的天花板。

人总是越缺什么就越憧憬什么，热门电视剧《甄嬛传》《芈月传》《那年花开月正圆》都是一些大女主剧，为什么那么多人喜欢这类电视剧？就因为人们喜欢看被命运推到谷底的主角，是怎么拼死支撑，还能抓住时运登上人生巅峰的。人们喜欢看到电视剧中的人物代替自己，完成咸鱼翻身、触底反弹的美好愿望，因为现实中能够做到的太少太少了。

人们是那样热切地渴望着自由，以致无论处在哪一个难度模式，都迫不及待地要去享受自主选择的快感，在我看来这就是所谓“自我意识的觉醒”。

当下流行的一些影视、文学、自媒体等中，鼓励人们勇敢实现自我意识的观点总是特别受欢迎。刨去那些漂亮的语言包装，他们所宣传的自我意识，其实就是让人抛开世俗看法、割断血缘联系、不理会他人感受、忽略掉负面影响，

去做一个精致的利己主义者，给“自私自利”一个冠冕堂皇的理由，让“任性妄为”成为新时代的美德。

我个人并不抵触自我意识的觉醒，但是我怀疑人们是否真的理解自我意识的内在意义，是否真的明白该以怎样的节奏和姿态来让自我意识健康发育，在自己的人生中发挥积极正面的影响作用。

人们所向往的自由时代并没有那么快到来，现在只是窗户开了一条缝，要是没头没脑一窝蜂地涌上去，是有一丝机会冲出去，但更大概率会被撞得晕头转向，找不到出路，也堵住了窗户更难打开。

自由的滋味很好，你还得不到，我也是。正因为得不到，才值得去追求，但君子爱自由，当取之有道，希望我们在追求自由的时候，别忘了生而为人最根本的责任。

米兰·昆德拉的《生命中不能承受之轻》就探讨了这样的问题。责任是一个把我们压到地上的沉重的负担，负担越重，生命越贴近大地，就越真实、越有生命力。当负担完全消失，人就会变得比空气还轻，会漂浮起来离开地面，也离地面上的生命越来越远。

远离地面的生命还是真实的吗？远离地面的自由还有意义吗？责任之重和

自由之轻，并不像看上去那么容易做出选择。

我们都是普通人，都在责任和自由之间挣扎浮沉，而能让二者取得平衡，让我们在轻与重的拉扯中依然保有旺盛的生命力的，我觉得应该就是爱吧。只有爱能让人把为亲人所受的苦难当作蜜糖，也只有爱能让飘在半空的那些人看见真实。

第四节
这个世界大多数人都不值得被帮助

你是助人为乐的人吗？你通常都在帮助哪些人？

常去的商场附近有座天桥，天桥上常有乞讨者，习惯了每次经过都掏10元零钱放在他的罐子里，后来有了微信付款和支付宝，身上的现金越来越少。有一天去买东西，身上只有揣了好几天都没用出去的5元零钱，路过天桥乞讨者的时候顺手把这5元照常放在罐子里，竟听到一声冷哼。抬头一看，乞讨者一脸怨气地像我欠他钱一样，眼神对上的那一刻，他翻了个大大的白眼，扭头往旁边啐了一口口水。从那之后，我再也没给过那个人零钱。

有个爱旅行的朋友告诉过我一件事，几年前她第一次去香格里拉，遇到很多藏族孩子，孩子们清亮的眼睛和脸颊的高原红十分可爱，游客们给孩子几颗糖几个水果，孩子们就开心得格格笑，哪怕不会说汉语，也和游客一起唱歌跳舞，一片欢乐祥和的气氛。过了几年，朋友又去了香格里拉，一下车，一群孩子就围过来，拉着游客伸手要东西，几颗糖几个水果并不能让他们满足，大一些的孩子会用蹩脚但毫不含糊的汉语反复说：不要糖，要钱，合影，10元，唱歌，20元。在他们脸上已经看不到当年那种纯净的快乐。

很多时候，不是你好心善良帮助别人，就能让事情变得好起来。

你的善良，请先用来帮助自己。把自己的生活过好，不要成为别人的负担，不要给社会制造麻烦，就是对社会最好的贡献。先解决自己的问题，先搞定自己的困境，先过好自己的生活，这不是自私，这是负责。

等你有余力做善事的时候，把脆弱和幼稚的同情心放在理性的后面，行善不需要情绪化，需要的是效率最大化，如何用最少的力气帮助最多的人，如何用正确的方式帮到真正需要帮助的人，才是最该好好思考的事情。

要雪中送炭，不要锦上添花。

要行之有效，不要圣母心泛滥。

要落到实处，不要只感动自己。

哪些人值得帮？

第一种，本来就很努力，只是方法不对或者时运不济的人。偶尔会看见在错误的路上撞得头破血流，还一门心思往前走的人，很傻很可笑，但嘲笑他的你才更无聊。对于本身就没有放弃努力的人来说，要帮他其实很简单，只需要拍拍他的肩膀，告诉他旁边有条小路看上去比较好走要不要试试看。剩下的他自己会主动去探索，不用你操心。

而那些一遇到困难就习惯性伸手求助的人，无非就是懒和贪，你越帮，他越觉得你应该帮，有一天你不帮了或者帮少了，他倒还怨你不负责任，这种人不帮也罢。

第二种，一声不吭悄悄做善事的人。听过不少类似的新闻，上了年纪的大爷日复一日捡破烂供贫困学生读书，民工大叔20年来每年雷打不动献两次血，年轻老师每年自费进山区支教……他们出于自己的良心和使命感，在自己日子能过着走的情况下，不计回报地默默付出，他们不需要你帮他们过上更优越的物质生活，只发愁自己能做的太少。他们最需要的帮助是有人帮他们一起去帮助他们在帮助的人。

第三种，在悬崖边需要你拉一把的人。对于已经陷入绝望困境的人来说，努力和付出都已经没有用，没人帮助就是万劫不复。在保证你自己生命安全的前提下，能拉就尽量拉一把，一双手、一条绳索、一根救命稻草就能给一个人新生的机会，为什么不去做？

律师的工作有时候就是在做“拉一把”的事情。有的案件几乎已经没有机会翻盘，当事人几乎没有任何希望，即使你也没有办法帮他赢官司，但至少你能帮他看清现实，甚至帮他疏解心结。这也是为什么我经常觉得律师也是半个心理咨询师的原因，“律师”这两个字，所包含的不仅仅有专业、挣钱、赢，里面还有社会责任和使命感，千万别辜负了这个称呼。

其实帮助他人，是比接受帮助更考验人性的事情，该不该帮？怎么帮？帮了以后要不要回报？每一个都是没有遇到的时候怎么说都对，遇到的时候怎么做都不对的难题。只愿我们每一次伸出援手都有意义，每一次表达善意都让世界变得更好。

第五节
我是老实人，不代表你可以随便欺负我

据说老实人就是容易被欺负，为什么啊？

有的人说：老实人就是怂啊，看到他怂的样子，不欺负他都对不起自己。还有人说：我也不是想欺负老实人，但是这个世界就是我不欺负别人，就要被别人欺负，我也很无奈啊！也有讲道理的，说：老实人不爱反抗，给欺人者带来更多的欺负行为安全感，降低欺负人的风险，所以，老实人更容易被欺负。

老实人之所以老实，分下面几种情况。

第一种老实，是太善良。

古人云“人善被人欺，马善被人骑”，善良是美德，但是不分场合不分对象的善良就是迂腐。

我的一个朋友，个性十分随和，为人十分谦和，工作也特别努力，同事有什么需求都找他帮忙，而他呢，来者不拒，哪怕根本不是自己的职责，只要别人开口，他就一定会答应下来。他经常因为帮别人的忙，顺便接了别人甩过来的锅，他还从不辩解，甚至常常主动为别人背锅。

是不是以为他在公司人缘很好？同事们都感激他？错了。就因为他实在太

“好用”了，既能帮忙又能顶包，还从不告状，几乎所有人都把他当“垃圾车”，自己不想做的事——丢给他，自己不想承担的责任——丢给他，反正他自愿的，不用白不用，没人把他当真正的朋友。

终于有一次，他帮一个同事顶了一个大包，被他领导劈头盖脸一顿臭骂，全公司的人看着他挨骂，没有一个站出来帮他解释，甚至还有人为了拍领导马屁，帮着数他的“罪状”，其中就包括被他维护顶包的那个。

我朋友的心这下彻底凉了，他终于明白，对所有人所有事都付出同等的善意，是不会被世界温柔以待的。

第二种老实，是脸皮太薄。

“成功学”告诉我们，成功有三个秘诀——（1）坚持，（2）不要脸，（3）坚持不要脸。

现在的时代，不见得能力强就一定能获得资源，你能力再强，但不好意思挤开别人冲到前面去，那机会肯定就被脸皮厚的人抢走了。

脸皮薄的另一种说法是“玻璃心”，玻璃心的人太在意别人对他的看法，随时都在怀疑别人是不是在针对他，跟他开个玩笑他觉得是在嘲讽，跟他聊聊八卦他觉得是在试探，不跟他说话了吧，他又开始幻想你是不是对他有什么不满……

总之无论在什么地方，这样的人都是看上去最无辜的那一个，仿佛全世界就他最老实，所有的人都欺负他。这种人偏偏还很多，已经严重影响了社会发展的正常进程，难怪《告别玻璃心的十三件事》这样的书会成为全球最畅销图书的 Top100。

第三种老实，是守规矩。

守规矩又分两种，一种是坚定地认为规矩就是铁律、就是信仰，并且觉得所有人都应该守规矩。另一种是知道大部分规则都有空子可以钻，只不过不敢钻，或者没机会钻。

我有个朋友就是一个善良且守规矩的老实人。他自己开了一个建筑公司，在普遍拖欠民工工资的年代，他坚持每年付清当年的工资，就算是借钱也要把工资给工人发上。有一年，某个工程因为一些原因导致款项无法结清，几十号工人百来万工资无处发放，他就四处奔波借钱把民工工资给发了。大家都说他太傻了，可他却说，答应好的事怎能反悔，该给的钱又怎能不给？关于他的事传开了以后，工人愿意给他干活，甲方愿意给他工程。自然，也没有再出现拖欠他款项的事了。

轻易破坏规矩的行为，对于视规矩为信仰的人来说，是难以置信的，利用规矩来坑人，就更是匪夷所思，老实人们无法接受世上竟有如此卑劣无耻之行径。遇到这样的事情，对他们也许就意味着遵循了一生的世界观彻底崩塌。

老实不代表懦弱，只不过是循规蹈矩，不爱惹事情。很多人都以为老实人就是胆小怕事，就是怂，可以随便欺负。其实是因为老实人的容忍区比较宽，只要不是被触碰到底线、原则，他们就会像原谅一条爱咬人的狗一样，宽容那些欺负他们的人。

遇到老实人，别想着怎么从他身上捞好处占便宜，因为你付出的将是你为数不多的良心和羞耻心。但愿每个人都能像尊重自己的爹妈一样尊重老实人。

第六节
取经的路那么长，好好相处不行么?

反差萌，是指 ACGN（游戏动漫小说等二次元作品）人物表现出与原本形象不同的特征或多种互为矛盾的特征同时存在。这两种或多种萌点相互矛盾，产生反差却又相互衬托。对照三次元现实世界，就是说当人们发现一个人展现出跟人们对 TA 的既定印象完全不同的一面，让人惊叹“原来你是这样的 ×××”，然后觉得这人真有意思，萌萌哒。

其实人都是有多面性的，在不同的阶段、不同的环境，遇到不同的人和事，就会展现出不同的个性。大部分时候，一个人在日常环境中的显性性格是比较稳定的，而不易显露的隐性性格，则需要特定的环境、事件、人来激发，如果没有遇到激发因素，可能一生都不会显露出来。一旦隐性性格被激发出来，可能会在一瞬间变成一个完全陌生的人，把周围熟悉 TA 的人吓一大跳。

有的人一向温吞老实，被欺负狠了触及底线的时候，也会暴起伤人。

有的人素来胆小怕事，在大是大非生死攸关面前，也会一瞬间勇气爆棚化身为斗士。

有的人惯于坚定刚毅，却也会在真正被人理解懂得的时候，百炼钢成了绕指柔。

这些都是理应发生的，因为多面性就是人的本性，每一个意料之外的侧面都出于本我，并非刻意隐藏压抑。既然会显露出那样的一面，则说明这一面本就存在于这个人的本性中，本性的善是藏不住的，本性的恶也是藏不住的。

人会在不同的环境中受到影响，获得新的认知，去认可和接受原本不了解的行为和观念，而不同的，甚至是完全冲突的认知是可能存在于同一个人身上的，只是在不同的场合和环境、跟不同的人建立起的联系中，外现出不同的自我，这就是人的多样性。

每个人都是具有多样性的，我也一样。我工作时细致严谨、苛求完美，跟家人朋友在一起时随性松弛、不拘小节，录《边走边谭》时一不小心就成了知心哥哥……在不同的场景、不同的时刻，我可能会以完全不同的视角来看待事情，用完全不同的表达方式来展现完全不同的观点，而那些都是我，没有压抑没有伪装的真实的我。每一个不同的“我”合起来，才构成了独一无二的“谭万潇”，这就是我的多样性，也是我的本性。

也许我也有连自己都没见过的侧面，只是还没遇到激发的事件，也许明年这个时候，我的想法又会发生很大的变化，谁知道呢。很多人喜欢单从一次会面、一场对话、一篇文章就断言“这是个怎样怎样的人”，从此形成固定认知，但是很多时候，就连认识很久的人，你也不敢肯定就了解 TA 的所有侧面。人与人之间忽略了多样性的存在，被主观简化地贴上单一标签，正是大多数曲解和误会发生的根源。

人人都不喜欢只见过自己一两次，甚至只从别人嘴里听说过，就轻率地给人贴上标签，用一两个粗陋的关键词来解读所有的行为，所以，我们也不要轻易给任何人贴标签。我始终认为，对任何人，都应该保持开放的视野，及时更新认知，不以浅层了解去定义他人，不以主观臆测去判断曲直。人有多面性是个好事情，这让世界变得立体、鲜活，相同的人只能连成二维平面，不同的人才能构成整个世界。拥抱不同，世界更广阔。

了解我的人都知道，由于坚持这样的待人原则，我其实吃了不少暗亏，但取经的路那么长，总会遇到妖怪，很正常，打完继续前行就是了。

“白龙马，蹄朝西，驮着唐三藏，跟着仨徒弟，西天取经上大路，一走就是几万里。”西游记里，取经团队有一个宏大而长远的目标。可这一路上他们老是发生各种各样的状况。就比如猪八戒，看到美女就走不动路、留着口水，硬是想留下来和美女们多宿多栖。搞得连唐僧在遇到女儿国国王的时候，都差点跟猪八戒学习了。而傲气张扬的孙大圣，也出现过好几次撂挑子，差点让各位大妖怪吃成了唐僧肉。取经的路那么长，好好相处不行么?

第七节

从节日中看到的乐观的中国人

中国人其实真的很乐观。怎么说呢？我们从节日来看吧，中国人什么节日都过，传统的、外来的、法定的、民间的、大众的、民族的，几乎每个月都有不止一个节日，甚至原本不是节日的日子都被附加上一些特殊的意义打造成节日。其实大多数人并没有在意过节日的来源，文化背景到底是怎么回事，总之能有一个放松一下的机会就乐呵呵地过呗。

拿重阳节来说，东汉到三国时期的重阳节是用来宴请朋友的，就连曹丕都说“九为阳数，而日月并应，俗嘉其名，以为宜于长久”，那时候主要是请朋友吃饭，表达友谊长长久久的意思。晋代的重阳节则在请客吃饭的基础上加上了赏菊这个环节。到了唐代，重阳节终于被定位了法定节日，但那时候的人们主要是在重阳节这点选择登高——可以理解为冬天快来了，所以大家要去锻炼身体！这种锻炼身体的意愿在辽金成为了帝王的狩猎节和马球节。到了明清，重阳节则又回归到了吃货节，人们在重阳这一天开始吃花糕，各式各样的糕点出现在了重阳的餐桌上。而从 1989 年起，我国则把重阳节这一天定为老人节，以倡导全社会树立尊老、敬老、爱老、助老的风气。要表达尊老、敬老、爱老、助老应该怎么表达呢？除了打电话关心、去敬老院表达善意之外，中国人更擅长送礼物，所以老人节赠送老人特定礼物就成了非常好的表达方式。

其实呢我们中国人最厉害的一点，不是说节日特别多，动不动就过节，而是在于能把所有的节日都过成购物节。

过年，年货节上各种买买买。妇女节是女性的节日，那更不用说了，一定要买买买，买礼物送给自己、送给妈妈姑妈七大姑八大婶儿，男同志当然要买礼物送给女友老婆甚至女儿；劳动节原本是一个赞美劳动人民的节日，让辛勤工作的劳动者们休息一下，不管是在家里蹲着还是出去玩，总之就是要消费；儿童节是给孩子买买买，现在的幼儿园过节的花样也越来越多；端午节，原本是一个纪念屈原的传统节日，到现在那也变成了一个吃吃喝喝买买买的日子；中秋节其实过得也跟端午节差不多了，同样是吃吃喝喝买买买；国庆节就更不用说了，旅游黄金周，中国人民跑到世界各地去吃吃喝喝买买买。

至于一些外来的节日，比如说情人节、父亲节母亲节、感恩节、万圣节、圣诞节，这些是基于西方基督教的节日，到了中国，都能被我们乐观的中国人过得一点宗教意味都找不到。有的朋友为了维护我们中国的传统的节日，抵制西洋来的宗教性节日。但是我们仔细看看周围的人是怎么过这些西洋节日的，就会发现其实我们完全没有抵制的必要，因为中国人真的非常非常的厉害，能够把所有的这些节日都同化成我们中国人独特的过节的方式。其实中国人对节日的过法才真正的是把节日的内涵表达得淋漓尽致。

节日的内涵是什么呢？首先当然就是图个乐呵，辛苦工作了那么长的时间，有一个节日来调节一下节奏，缓解压力，转移焦虑。转移焦虑这个事儿很有意思，在没节日过的时候，压力的来源就是工作、业务啦，加班熬夜脱发啦，任务完不成啦，业绩又下滑啦，老板不给涨工资啦，等等。可是临近节日的时候，焦虑就转移到了买买买上。你看，每到过节前夕，网上点击量最高的文章往往都是：最适合送女朋友的礼物，最适合送男朋友的礼物，送礼的十个技巧巴拉巴拉。节日的礼物怎么买？什么样的礼物适合送给什么样的人？要送什么档次的？怎么样因人而异去选择能让对方喜欢的礼物？甚至于怎么样接受别人的礼物，应该拒绝什么样的礼物？对送礼的研究都快成为一门学科了。

其实这一点儿也不奇怪。我们的社会是一个人情社会。人与人之间的感情关系始终是比利益来得更重要。这就要说到中国人过节的另外两个内涵：一个是拉动消费促进经济；另一个是协调人与人之间的关系。

过节的时候吃喝玩乐送礼物，本质上都是买买买都是消费。能把每个节日都过成买买买的节日，能把每一个节日都当作买买买的理由，这是多么强大的创造力！甚至于已经有的这么多节日还不够，在马云的带领下，阿里巴巴创造了一个全新的节日，叫“双 11”。

在“双 11”成为购物节之前，因为日期里有 4 个“1”，所以它其实是单身节，也叫光棍节。为了让广大光棍儿能够尽快脱单，所以在这个日子买礼物向心仪的人告白，就成为过节的仪式，这就是光棍节初步成为购物节的起始原因。

经过网购平台、商家以及消费者三方共同的努力，花了几年的时间，光棍节如今已经变成一个全民狂欢的购物节。每年看着阿里巴巴报道出刷新纪录的订单数字，就忍不住感慨，我们国家的商人和消费者真的厉害！一个以日期的写法为起源的不起眼的小节日，竟然盘活了大批商家，此外还有物流、制造业、餐饮业、IT 业、大数据、信息技术、广告设计、电视广播、自媒体、微商代购……几乎你能想到的各行各业，都因为这一个“无中生有”的节日，得到了生存和迅速发展的机会。

没有节日就造一个购物节，相当于扒掉了节日的包装，不赋予它什么有深度的文化含义，不需要任何冠冕堂皇的理由，直接突出消费的本质。不管是制造这个节日的人，还是响应这个节日的人，消费的目的直接而明确，狂欢的氛围丝毫不减。并且由于快递还需要一段时间才能够陆续被消费者收到，所以快乐也持续得更久，既有井喷式的爆发，也有后续的长尾效应。最重要的是，广大人民群众对这种不加掩饰直接把消费的本质作为节日的狂欢方式非常买账，十分热衷且乐此不疲。不得不说在这方面，我们作为消费者可一点儿都不含蓄。

对于买买买一点儿都不含蓄的我们，在表达情感的方面却显得很含蓄。

通常我们要对某人表达情感的时候，是需要一些理由的。比如说一个男人在一个很平常很普通的日子，突然买了一个小礼物送给老婆，老婆就会想：你是不是做错事了要求我原谅？还是有求于我，先给点好处？总之就是无事献殷勤，非奸即盗。日常表达感情都变得有点尴尬了。

然而节日、生日、纪念日，在这些特殊的日子里面，无论从语言也好，还是行动也好，去表达我们对另一个人的情感关怀都变得顺理成章，哪怕肉麻一点也不显得突兀。所以节日对于我们来说还有一个重要的作用，就是协调人与人之间的关系，多一个拉近彼此之间距离的理由。

中国人是世界公认的勤奋努力、工作起来认真忘我的人民，而一年中连绵不断的节日提醒人们，记得回归质朴温情的家庭生活，记得关心身边的朋友，记得常常表达自己的情感。

无论节日本身的文化背景披着什么样的外衣，总是能被国人过出狂欢的氛围，这也是一种“汉化”。图个乐呵，拉动消费，协调关系，就是乐观的中国人对所有节日的汉化。当我们真正接纳了节日的内核，并将这种乐观精神渗透到每个平常的日子里，那么节日原本的文化背景和仪式，反倒不重要了。

所以管它什么节呢，能够吃吃喝喝买买，能够和家人朋友快乐地聚在一起，那就只管按自己的方式去过吧。

第八节

婚姻三则

第一则：这是一个严肃的问题，关系到以后还能不能愉快地为爱鼓掌

2017 年 10 月，我接了个活儿，为参加德阳市第一届辩论赛的某支辩论队做指导老师，初赛的题目是——婚内强迫性行为是否成立，我们队拿到的是反方，即“婚内强迫性行为不成立”。

对于许多社会话题，自己没有遇到的时候就不会去认真想，初看到别人发布的观点时觉得嗯嗯有道理，多想一下又觉得哪里不太对。大多数时候我们就是在这种混沌的状态下观望着这个世界上发生的一切。

辩论这件事就有意思了，它逼着你离开站在远处观望的舒适区，扮演一个坚定地守住一方立场的卫道者，哪怕你内心其实还在犹豫、质疑，都必须要找出充分的证据，结合不容反驳的强硬态度，来说服所有人包括你自己相信你所说的就是真理。人类真的很喜欢做这种反人类的事情。

下面，就暂且站在反方立场来聊聊反方观点：婚内强迫性行为不成立。

01 动机与后果

一般强奸者在犯罪的主观动机上都显示为在明知违背妇女意志施行奸淫行

为会触犯刑法的情况下，仍然藐视刑法而故意对妇女实施奸淫行为，这是一种藐视社会秩序最明显、最极端的表现，主观恶性非常强。但是，在“婚内强制性行为”中，通常丈夫主观上不认为自己的行为是强奸行为，相反会认为自己是在履行或要求对方履行夫妻间的同居义务，只不过履行义务的方式比较粗鲁罢了。

性生活是夫妻生活中的一部分，丈夫作为妻子的合法配偶，即使方式有欠妥当，但不能因方式不当就将丈夫的这种行为直接定性为抱有奸淫的故意。同时，妇女的合法权益也应当受到保护，法律也不可能保护夫妻一方使用暴力与另一方进行性行为，但在婚内，法律保护的重点不在于“性行为”而在于“暴力”。

我国现行法律已有许多罪名足以杜绝强制的行为，比如虐待罪，故意伤害罪，乃至故意杀人罪，所以当男人强制的行为到达一定程度，就会有相关法律来加以约束了。

02 观念与道德

“婚内强奸”是一个本不该存在的概念，它的存在表明人们整体的文化观念仍然处于比较保守的状态。另外，人们对“婚内强迫性行为是否成立”的问题愈加关注，也是社会观念进步的表现。“婚内强迫性行为”成立与否的争论，实际就是社会秩序与个别公正的冲突。倘若一概犯罪化论之，必然会对当前较稳定的社会秩序造成伤害。在社会秩序与个别公正之间，该怎样平衡？

如果将妻子的性的自由权利称为“个别公正”，而将由无数个家庭和谐联结而成的社会稳定视为“社会秩序”的话，短期内博弈的结果不得而知，但随着社会的持续进步、人们的观念持续迭代，终究会出现新的形态和规则来定义婚姻关系。

从历史来看，大众的道德标准并不是恒定不变的，过去的普世价值观有许多放到现在都是不适宜的，比如家长包办婚姻、一夫多妻制，等等。“婚内强制性行为”实际上是一个道德问题，它同卖淫、同性恋、堕胎、安乐死等问题一样，应该顺应时代观念的改变自然进化，而不应该由法律强制介入。法律领域内的问题就应当适用法律，道德领域内的问题，就应当以道德的力量加以解决，法律不能越俎代庖。

03 平等与情感

女性主义的兴起，权利、平等意识的增强，让人们越来越重视女性的自主权益。“平等”这件事就像跷跷板，要是一端过重，另一端就会翘起，而责任与义务则是中间的支点。缔结婚姻意味着性自主权要受配偶同居权的约束，于内体现在同居义务,于外体现在性行为对婚外第三者的排他性即夫妻忠实义务。

设想，如果妻子以性自主权的绝对独立性为由，任意拒绝同居，那么丈夫也可依性自主权不受制约为由进行婚外性行为。同居义务如果消失，夫妻的忠实义务也将荡然无存，婚姻制度也将名存实亡。夫妻是通过法律确认的人身关系，夫妻之间自婚姻关系确定之始，就具有了一份性爱契约，夫妻双方就已对履行性义务向对方做了一个概括性承诺，也就是说，将个人的性自主权自愿让渡给了对方。既为自愿，何来剥夺？换句话说，两口子之间什么时候是自愿的，什么时候是不自愿的，应当如何判断？如果单凭妇女的陈述作为法官判断标准，不知道会有多少不洗碗的老爷们被告上法庭，那样的话又将“平等”置于何处？

建立于情感基础上的夫妻矛盾本来就很复杂，难以定论，“床头吵架床尾和”也是婚姻生活的常态。如果以单一、强硬的标准来定义夫妻矛盾，等于是用法律来对生活进行“强制性行为”，未免太过荒谬。最后，再举个例子，假设啊，我只是说假设，如果“婚内强奸”成立，那是不是意味着，夫妻每一次进行不可描述行为时，丈夫都需要征得妻子的书面授权？若稍有法律常识，考虑到可能会发生的欺诈、胁迫等情形，是不是还需要丈夫聘请律师现场见证或公证员现场公证呢？

如果这一切成为现实，那丈夫是不是需要在床头安装摄像头以自证清白？OMG！怕是再也不能愉快地为爱鼓掌了，没有比这更反人类的事情了！

声明：以上言论仅为辩论赛观点的扩展表达，不代表本人的真实想法。欢迎写书评发表你的观点和依据，文明辩论，禁止人身攻击。

第二则：那什么拯救你的“不相信”？

2017 年“双 11”前后，《边走边谭》出了一期讨论“如何顺利恢复单身”的话题，也算是应了光棍节的景了。

作为律师，从维护个人合法权益的角度，告诉当事人应该怎么做、做什么有用、为人们提供专业的帮助和技术性的解决方案，这是我们的职责所在。但是抛开“律师”这个身份，我衷心希望你们不要有用上这些方法的需求。

就拿节目中谈到的忠诚协议的问题来说，在婚姻关系中，我其实并不喜欢

“忠诚”这个说法，因为除了诚实、守信、尽心尽力，忠诚区别于信任最核心的差异在于“服从”。服从就意味着一方对另一方是臣服的关系。

军人坚定不移执行命令，誓死保卫国家和人民，这叫忠诚；将军叫小兵冲锋突围身先士卒，小兵引以为荣慷慨赴死，这叫忠诚；君叫臣死臣不得不死，还得高高兴兴感激涕零地去死，这也叫忠诚；主人去世了，八公还日复一日守在原地直到人们给它立了个雕像，这也叫忠诚。然而夫妻之间用“忠诚”来形容，总让人感觉不那么舒服。

忠诚是一方对另一方的单向承诺，换句话说是带有强制性的不对等交换，承诺忠诚的一方就应该不计回报地付出，以确保对方的收益为最高原则，风险都由承诺的一方来承担。在婚姻关系里，要求一方忠诚，就等于要求地位不平等，签个忠诚协议就等于认可自己臣服于对方，认可双方是不平等的。在一段平等的关系中，达摩克利斯之剑不应该只悬在一个人头上，这搁谁都不会舒服。

有人说了，要平等很简单啊，双方都签协议，都承诺忠诚不就好了？当你觉得需要用忠诚协议来约束对方的时候，说明你们之间已经产生了信任危机。

信任是一个人对另一个人的积极预期，是出于人的自由意志的，双向交互的情感链接。无论是伙伴、朋友还是夫妻之间，建立信任都很难，不是说几句话或者写几个字就能获得的，要通过长期的交流沟通、大量共同的经历、充分的相互了解，甚至许多危机考验才能稳固下来并逐步加深。双方互相信任所付出的情感成本和打破信任时面临的风险是对等的，所以比起忠诚，信任更让人感觉得来不易，从而更愿意自主地而非强制地去维护它。

说到底，忠诚协议原本的目的并不在于要求对方服从自己，而是让双方能够互相信任。但如果只是签个协议就能换来对方的信任，那成本也太低了点。

对于夫妻之间的信任来说，忠诚协议只是一个降低成本的替代品而已。人们在抛弃低成本的东西时，心理负担总是要小一些。所以才说拟一份忠诚协议的技术含量很高，因为只有足够严密的条款才具有约束效力，才能在人们轻易违背它的时候发挥作用。

忠诚协议是个技术问题，夫妻之间相互信任才能把生活过成艺术，双方都签一份低成本的忠诚协议，不如一开始就努力建立起互相信任的关系。或者换个说法，既然连最基本的信任都不够充分，又为什么要急着结婚呢？

爱情是一段美好婚姻的前提，那么，信任就是比爱情更牢固的婚姻黏合剂，当人们决心缔结一段婚姻的时候是基于充分的信任，而不是靠一纸协议来指望对方忠诚，这才是真正的成熟和进步。

第三则：当我们谈论婚姻的时候，我们在谈论什么？

2017 年宋仲基和宋慧乔结婚的时候，人们纷纷感叹，这就是理想中完美爱情的样子啊！可以看出，许多人在谈起婚姻的时候，第一时间想到的还是爱情。话说回来，已婚的想想自己当初的婚礼，未婚的想想曾经参加过的婚礼，谁的婚礼没有几个感动得热泪盈眶的瞬间呢？

“人人可以结婚，简单得很，而爱情完全是另外一回事。”——亦舒在《我的前半生》里是这么说的。

而我想说——爱情随时随地都可以发生，单纯得很，但婚姻是另外一回事。“嫁给爱情”貌似是未婚女孩子们最憧憬的婚姻状态，大部分新婚夫妻在结婚的时候也确实相信着自己嫁给（娶）了爱情，但婚姻和爱情真不是一回事，不然，为啥还会有那么高的离婚率？

爱情是什么？

罗伯特·斯腾伯格（Robert Sternberg）认为，构成爱情的三个元素是激情、亲密和承诺，缺少其中任何一个要素都不能称其为完美爱情。在海伦·菲希尔（Helen Fisher）看来，爱情是由三种既相互联系又截然不同的生物系统控制的成分组成的，分别是由荷尔蒙调控的性欲，由多巴胺调控的吸引力，和由神经肽催产素调控的依恋。周杰伦说爱情来得太快就像龙卷风。老狼说爱是什么我不知道我不懂自己我不懂永远。不同的人在不同时期的不同心境中，对“什么是爱情”有不同的解答，至于那些“学术的解释”，我觉得吧，仅供参考。

那么，婚姻是什么？

婚姻实际上是一种管理财产关系的经济制度，在生物学遗传的基础上建立起紧密相关的婚姻制度，将遗传的意义通过经济学从生物学延伸到了社会学，让人类社会可以在家族结构的基本单元上稳固发展。

简单点说，如果没有了爱情，婚姻就成了一门生意。婚姻本身只具有社会学功能，是人们对“爱情一定要有完美结局”的憧憬赋予了婚姻美学意义，这种美学意义往往是梦幻而天真的。刘慈欣在《三体》里描述了未来世界人们的情感状态，以婚姻制度为基础的家庭概念终将消失，人们将基于自己内心时刻变化的感觉来选择和谁一起生活多长时间。看上去离经叛道，却又合情合理，毕竟我们的社会已经出现这种趋势，越来越多的年轻人不愿意结婚，灵魂和身体享受自由的吸引力远远大过老婆孩子热炕头。同样地，离婚也已经成为一种人身自由，不再跟道德挂钩，看似变得更简单，但真要离起来，远比想象中麻烦许多。当一段婚姻走向尽头的时候，最让人头疼的问题真的跟爱情无关。

不少人在结婚的时候笃信自己做到了“选我所爱”，那为什么在婚姻中“爱我所选”就这么困难呢?

我一个朋友的做法也许值得借鉴。

这位内心文艺的女青年在读过三毛、亦舒、张爱玲，去过大理、莫斯科、普罗旺斯之后，终于嫁给了爱情。三年后，她对先生没有了当初的感觉，常常念叨还是单身好，照顾好自己就够了，不必操心那么多鸡毛蒜皮的家庭琐事，再说现在有那么多优质小鲜肉，好想恢复单身再谈几场浪漫的恋爱。

一般的发展要么就是姑娘认命将就过下去，要么就是总有一天控制不住洪荒之力——出轨了。

但这姑娘不是一般人，她左思右想，觉得第一，离婚实在太麻烦，第二，先生其实人挺好的，实在没有拿得出手的理由说离婚，“不爱了”这种理由又显得太幼稚太不像样。纠结一阵子之后，这姑娘想出个办法，她决定重新建立对先生的认知，假装自己跟他不熟，像刚认识他一样去发现对方的可爱之处，从好感到暧昧到恋爱到相守，重新爱上这个已经在身边的人。

人生如戏，谁不或多或少在扮演某个不是自己的角色？据说长期扮演另一个人，慢慢就会真的变成那个人，在爱情变淡的时候扮演成刚刚爱上对方的自己，好吧，这大概就是所谓的“疯起来连自己都骗”。

不管婚姻之于爱情到底意味着什么，但对于我们这些平凡的大多数来说，婚姻的终极目标不就是实现一生的幸福。如果能让婚姻里的双方和双方家人都得到幸福，以爱为名骗一骗自己也是一个值得参考的解决方案。

愿天下有情人都能“选我所爱，爱我所选”。

第九节
人性三则

第一则：再完美的制度也挡不住人性的残缺

当电影、小说里面描写的高智商犯罪就发生在你我身边，那会是什么样的感觉？

2017 年 12 月初的一期《边走边谭》，讲述了这样一个案子：犯罪嫌疑人用数年的勤恳工作取得公司和客户的信任，然后在一个月之内编造优惠活动、伪造公章，以偷梁换柱的手法骗取巨额赃款，在事情败露之前低调潇洒地远走高飞。（在我的微信公众号“谭万潇”的历史文章中可观看这期节目）

先不说这个人是不是蓄谋已久，至少我们可以确定的是，当做出犯罪行为的时候，他具备一切成功的条件——公司给他的职责范围内的权限，公司、同事和消费者对他的信任，便捷顺畅的二手车收售渠道，管理制度的可钻之空子。可以说，只要具备这些条件，任何一个有心诈骗的人在这个位置上，都有充分的机会实施犯罪。换句话说，只要手上拿了把菜刀，谁都有条件杀人。再换个场景来说，只要是幼儿园，都有伤害儿童的条件。

正如我在案件推理研讨会的收尾总结时所说：再完善的制度也挡不住存心

犯罪的人。法律也只能审判和惩罚已经发生的犯罪行为，而不能阻止人们犯罪的念头。

说来挺憋屈，为什么我们的社会总让坏人有伤害好人的机会？有没有一种系统可以完美地预防犯罪、保护好人？

我们来假设这样一个世界：为了杜绝犯罪，每个人都要遵守一部《人类行为规范守则》，从出生到死亡的每一个行为细节，都有相应的条款告诉你什么可以做什么不可以做，比如起床要先洗脸还是先尿尿，出门要先迈右脚还是左脚。如果你做了违反《人类行为守则》的事，就判定你有犯罪倾向，立刻实施抓捕或处决。这样一来，对于绝对遵守《人类行为守则》的人，社会就是绝对安全的，再没有人会被偷被抢被骗。

这样的世界，完美吗？

2002 年的一部电影《少数派报告》，就做过这样的构想。电影讲述了 2054 年的华盛顿特区，人类利用具有感知未来的超能力人——“先知”，能侦查出人的犯罪企图，所以在罪犯犯罪之前，就已经被犯罪预防组织的警察逮捕并获刑。

电影还不错，有兴趣的话可以找来看看，今天我们重点讨论预防犯罪系统。

对于实现零犯罪社会，预防犯罪系统可以说是很完美了，但真正实施的时候还是难免一败涂地的结局，其根本原因在于——系统终究要靠人来管理和操控，而人性是世间万物中最复杂、最难捉摸、最不稳定的元素。因为人性是不完美的，人所设计出来的系统必然包含了设计者的思想，所以看上去完美的系统都会有缺陷和弱点。有弱点就有被利用的可能性，总会出现有心人找到它的漏洞。这就跟菜刀在厨师手里是菜刀，在歹徒手里是凶器一样——再完美的制度也挡不住存心犯罪的人。

从法理上讲，预防犯罪系统又是反人性的。如果在一个人犯罪之前就把他逮捕，那逮捕理由是因为他有犯罪的意念还是犯罪未遂？如果不提前逮捕，一个瞬间产生犯罪念头的人，就一定会实施犯罪行为吗？这个系统的原则本质上就是：不管你是不是真的会犯罪，先抓住你，再根据你的犯罪念头的严重程度惩罚你。如此一来，对你人性选择的考试还没有开始，就被考官判定为不及格了。

人类一直在不遗余力地创造一个有序、安全、高效的完美世界，但却永远不能弥补人性中亘古存在的残缺。如果有一天真的诞生一种制度可以杜绝犯罪，那么，人就是这个制度里最致命的瑕疵。

第二则：如果美好总是伴随着危险，那我们还要追求美好吗？

玫瑰是带刺的，孔雀翎是有毒的，张无忌他娘说：不要相信美丽的女人，越美丽的女人越会骗人。于是我们知道了，美好的事物大都是有危险的。

为了更高更快更强，多少运动员年纪轻轻就浑身是伤。为了抵达地球上最高的地方，多少登山爱好者倒在了去往海拔 8848 米的路上。于是我们又知道了，要看到美好的风景，就要承担受伤甚至死亡的风险。

那么，那些人类特有的美好品质呢？比如正直，比如诚实，比如善良。追求它们，又需要付出什么样的代价？

2017 年 11 月，人们的微博、朋友圈被江歌案刷屏，江歌近乎纯粹的善良和刘鑫近乎恶毒的冷漠，组成人们所能够想象到的最极端的对立面，狠狠刺痛着我们的内心，以致双手染血的那个杀人犯都没了存在感。

01

我们来考虑这样一个问题：如果你是一个母亲，你希望自己的孩子是江歌还是刘鑫？

这真让人为难，既希望孩子拥有高尚美好的品质，又担心别人不够高尚，自家孩子难免就成了容易受伤的那个。所以人们总是一边赞颂别人的善良，一边又警告自己不要太善良。

有个家长这样教育孩子：你要同情弱者，要原谅别人的错误，包容朋友的缺点，要做一个温暖善良的好人。一个家长在孩子面前这样以身作则：便宜不占白不占，责任能不担就不担，别人怎么看无所谓，最重要的是不能让自己吃亏。你觉得哪家的孩子会过得更好？

刘鑫肯定是后者，她的家庭在教育她的时候，肯定情愿她占尽世间的好处，而不愿她被别人欺负。一开始她也的确得到很多好处，吃闺蜜的，住闺蜜的，有危险闺蜜担着。于是，根据能量守恒定律（也可以叫作因果律），她现在要独自承担来自全国的“欺负”。舍弃了美好品质，用卑劣、自私、冷漠来占尽便宜的人，最后是赚了还是亏了，明眼人都看得清楚。

那么，如果你是一个母亲，在知道善良可能会让孩子吃亏，会有上当受骗的风险，甚至有可能会付出惨重代价的时候，你还会不会希望孩子坚守善良？

02

你身边有没有这样的人——习惯了索取，遇到什么事情第一反应都是伸手求帮助，你帮，他觉得你应该，并不会对你多么感恩；你不帮，他倒反咬你一口说你小气不仗义，仿佛他过得不好都是你的错。

你身边有没有这样的人——不敢承担责任，擅于找理由把自己摘出去，没出问题的时候和大家一起庆祝成绩，出了问题他就永远是吃瓜群众，千错万错都是别人的错，自己的过失都是“不可抗力”。

你身边有没有这样的人——从不关心别人的感受，总是无限放大自己的心情，永远都是他最委屈最受伤，永远在抱怨别人不为他着想，常挂在嘴边的话是“我都这样了你还要怎样”。

这些毛病普遍存在于大多数人身上，只是一般不会表现得那么极端。人无完人，我们都是一边忽视着自己的问题一边包容着周围人们的毛病，才能和谐地相互依靠着前进。杀人犯不常有而自私者常见。遇到陈世峰是小概率事件，而当“黑天鹅”没有出现的时候，你很难意识到我们身边很多普通人都是刘鑫。

有没有人试着问过朋友：如果是我在门外，你会不会开门？

又有没有人问过自己：如果在门里的人是我，我会不会开门？

在真正遇到危机情况之前，没人敢保证自己的回答就是正确答案。那么，当你知道组成这个世界的大基数是平凡甚至卑劣，你还要不要追求自身的高尚？

03

高尚的品质之所以美好，是因为在平凡的大多数里，它们实在是太稀缺。它们不该只存在于书本和电影里供我们观赏、赞美，更不应该只活在我们的嘴里和键盘里。

我期待有那么一天，那些被我们赞颂的正直、诚实、善良，都成为每个人见惯不惊的稀松平常，到那个时候，人们不需要因防备危险而克制高尚，母亲们不需要为了孩子好好活着而左右为难。

但愿，最终能够打败冷漠的，都是大众真正觉醒的良知。

第三则：是什么限制了我们对“坏”的想象力？

为什么坏人总是“坏”得理所应当？

以人性之复杂，好与坏根本就不是非黑即白的二元对立，没有纯粹的好，也没有纯粹的坏，善与恶同时掺杂在人性当中，每个人都一样。一个人常行善还是多作恶，很多时候取决于环境。周围的人是什么样，常常接触的事情是什么样，深刻影响着一个人对善恶的认知。

父母、家庭是最基础的环境因素，从“江歌案”中的刘鑫和她爸妈，还有节目中黄淑芬母女，我们都可以看到，一个人的价值观基本上和他的家庭成员保持一致。

有娃的朋友更容易从身边找到验证——自家孩子被别人家的熊孩子欺负了，去找对方父母讲道理，结果只会更生气，因为熊孩子的爸妈往往比孩子还熊。俗话说“龙生龙，凤生凤，老鼠的儿子会打洞”，本来是褒义，说的是子女继承父母的优良基因，但俗话又说“上梁不正下梁歪”，父母的劣根性，也都会烙印在子女身上。

有种坏人是一再作恶却从不觉得自己坏，是因为在他的认知里，坚定地认为自己做的是正确的，受到责难时反而还很委屈；另一种坏人是明知道是坏事却偏要去做，那是因为在他的认知里，损人利己是天经地义，只有自己比别人更坏，才能不被人所害。

不以为恶和明知是恶还要去做，都是成长环境造成的认知偏差。如果说熊父母是叫不醒的装睡的人，那熊孩子可能根本就没醒过。

有什么办法能把被环境误导导致认知偏差的人唤醒？

教育是人们脱离父母家庭，成为独立的社会人的过渡带。好的教育要让人获得独立思考的能力，学会脱离固有观念去判断是非。

我们现在的教育更重视培养人们获得能满足欲望的能力，这固然是大发展时代的需求导向，但我认为这里面也存在失误。就像给一个孩子一把斧头，却不说清楚这只能用来砍树，他可能就会拿斧头去砍人。在不明是非善恶的情况下，一个人拥有的力量越大，潜在的危害也越大。教你如何获得力量，同时还得教会你约束力量的咒语，这才是教育应该做的事情，从这一点来看，我们的教育方式还有很大的提升空间。

人其实比自己以为的更容易受到环境的刺激而发生改变。

再老实的好人受到欺凌，也有可能被逼到绝路做出无法想象的恶行。坏人也大都不是生来就坏的，如果换一个成长环境，也许就能做个好人。所以说好和坏都不是那么绝对的事情，清楚地认识到人性本身的复杂，理性地看待自己内心的善意和邪念，你会接受一个事实——生而为人，我们都一样，没有谁比谁好到哪儿去或坏到哪儿去。

人的原始本能跟动物一样，原本不存在善与恶、好与坏、自私与无私、卑劣与高尚。“狮子残忍地撕碎羚羊的喉咙，羚羊无助地悲鸣着死去”，本质上就是“狮子饿了要吃饭”这么自然的事情。而人性之所以不同于兽性，就在于人除了生存，还有欲望、追求、情感，这些人性独有的东西让人类构成了社会，创造了文明，于是产生了符合大多数利益的约定俗成的道德和价值观。如果不以这些约定俗成来约束自己，把一念喜恶肆意地付诸行动，那跟禽兽又有什么区别？

虽说环境影响着人的行为，但同时环境也是由我们每一个个体构成的，如果有心让“人”作为一个整体变得更好，那就多做些能让我们的环境、教育和人与人之间的关系变得更好的事情吧。

这个世界上总有一些怎么都叫不醒的人，也许我们无能为力，但至少可以让自己别睡着。

第十节
和焦虑做朋友

焦虑，是这两年的高频词，自媒体、社交平台、传统媒体，哪儿哪儿都在说焦虑。社会底层为生存而焦虑，中产群体为冲不破天花板而焦虑，中老年人为儿女的终身大事操碎了心，“80 后”还没来得及成熟就成了油腻中年，“90 后”最大的危机不是自杀而是脱发，就连写封信还要用拼音的小朋友也为隔壁班小哥哥给班花买了零食而怀疑人生。

也不知道是时代背景推动着人们不得不焦虑，还是因为看多了这些，觉得不焦虑一下都对不起狂奔的 GDP。焦虑很流行，但大多数人并不喜欢它，可人就是这么矫情，越是讨厌、害怕的东西，把它当作装饰品跟自己绑在一起，就越显得自己隐忍、坚韧、倔强，披荆斩棘看上去总是比康庄大道更加伟大。

上面所说的焦虑都是“伪焦虑”，其实真正的焦虑并不总是让人痛苦，反而是好东西。

焦虑意味着有选择

有“选择焦虑”的人面对一大堆选项的时候，不知道选哪个能得到最好的结果，导致焦虑发作。但反过来想想，有选择说明在面对这件事的时候拥有相当的自由度。有选择就有不确定，不确定意味着有更多可能性，这是不是比没有选择权要幸福多了？

营销学里有个著名案例：某品牌酸奶在超市里促销，第一天提供了 20 种口味的酸奶给顾客选择，试吃的人很多，销量却很难看，只有 20% 的顾客购买了酸奶。第二天经理把上架的口味减少到 6 种，购买率提升到 80%。原因是当选择太多的时候，人们意识到花了太多时间成本在选择上，于是干脆放弃了，缩小了选择范围就等于节省了顾客做选择的时间，减轻了顾客的选择焦虑，顾客就能轻松迅速地决定买什么口味的酸奶了。

这个案例似乎在说选项越少越好，不是和前面说的矛盾了吗？

那么，我们来说说“自由”。自由其实是反人性的，人性本能需要的是安全和稳定，而自由往往是有风险、不稳定的，所以人们一边向往着自由，一边又对纯粹的自由充满恐惧。在选择焦虑当中，也有一部分来源于对自由的恐惧。同时，选择也包括接受选择的后果，更好的可能性固然让人期待，但是万一选到不好的就要承担责任，逃避选择即逃避责任。

对于真正内心强大、情愿自由掌握人生而不惧选择的人来说，还能为有选择而焦虑是件幸福的事。

焦虑意味着可以比现在更好

不满现状是前进的动力，有变得比现在更好的可能性，才会去焦虑应该怎么做才是最好的。对突破现状没有任何欲望，或者说已经彻底放弃了的人，反而显得更平静，这种平静下面是深深的绝望。

还在为改变现状而努力的人，看上去就像被小皮鞭抽打的陀螺——根本停不下来。你总会看见他在忙碌地东奔西跑，做各种尝试。

而绝望的人是无所事事的，无所事事意味着对于眼前的局面，已经没有什么可以做的了，没心没肺固然活得轻松，但是，“没有什么可以做”正是最可怕最糟糕的状态。只有放弃思考，放弃行动，放弃自己的时候，才能坦然接受甚至享受无所事事。

我讨厌无所事事，所以我现阶段的人生就跟陀螺一样，确实常常感到焦虑，但更多的是解决问题之后的欣喜若狂。

然而最让人痛心的是，我在很多年轻律师身上看不到年轻人应该有的激情和活力，更看不到律师应该有的企图心，他们对目前还算稳定的现状很满意，说混吃等死是严重了些，但至少可以说是不思进取。我真想大声对他们吼：你们就连多赚点钱也懒得想吗？就这么稳稳地熬着跟打工有什么区别？干脆转行别当律师好啦！

抱歉，有点激动了，我这不也是恨铁不成钢嘛。

越有能力的人越容易自责

自责也是导致焦虑的重要因素之一。有那么一种人，每完成一件事或者一个阶段目标，就会在心里进行评估、复盘，一旦察觉到某些细节其实可以做得更好，完成的结果可以更完美，就会自责、内疚，把一般人认为很正常的小小不足看作自己的失误，不断反省自己做事的方式，不断修正更新自己的思维模式。

在平庸的人看来，这就是自己给自己制造压力，这种焦虑完全没有必要嘛。但是一段时间以后，二者的能力差距会越来越大，直接反映出来就是收入水平相去甚远，平庸者找了一个心安理得继续平庸的说法——你看他一天到晚那么焦虑，果然是财富和烦恼成正比，不信你看看马云，他未必活得比我快乐洒脱。

人在能力上升、积累财富的阶段，追求的本就不是一时的洒脱，当你能说出“先实现一个亿的小目标”时，才能体会到另一个境界的快乐洒脱。

前一阵子朋友看我为律所的发展很是焦虑，于是跟我说，老板的最高境界就是公司没有你也能稳定运转，你应该慢慢脱手律所的事务，当个甩手老板。

我回答道：当我发现我对律所发展已经无能为力，没有任何办法能让律所变得更好，再没有什么可以做的时候，才会是我考虑甩手不管的时候。

Chapter 2

第二章

跨界之道

第一节

羊毛出在狗身上，由猪埋单

尼康退出中国，裁员 2000 人。尼康不是被佳能打败，更不是被国产相机品牌打败，而是由于智能手机的摄像头升级速度太过迅速，影响了家庭数码相机的销量。以前想买台便携数码相机带去旅游的时候，是纠结选佳能微单还是尼康准专业，现在是刷着手里的苹果纠结要不要再买一部美图手机专门用来自拍，毕竟，买两部手机的预算怎么都比买一台相机还要配镜头之类的费用更低。

今年中国方便面销量大幅下滑，以致官方都发新闻为方便面“正名”了，称“方便面没营养”的说法是源自于多年前一篇爆款文章的谣传。但方便面销量下降的原因并不是品牌竞争，也不是人们认为它没营养，而是因为外卖行业的兴起。过去人们不想自己做饭又懒得出去吃饭，大多会选择便捷省力的方便面，现在点个外卖比自己泡方便面还省力，而且有更多花样可供选择，于是方便面的市场就这样被外卖抢走了。

口香糖的销量下降也跟同行业竞争无关，而是由于手机太好玩了。口香糖这种零食本来就不是刚需，以前人们逛完超市排队收银的时候，闲着无聊看看旁边的货架，有很大概率顺手拿两条口香糖放进购物车。而现在无论在超市还是车站，人们排队的时候都在玩手机，没人有空去看一眼收银台旁边的货架。

那些在地铁站出口拉客的摩的，怎么都想不到断了他们生路的并不是交警、城管，而是共享单车。被共享单车断了生路的除了摩的，还有卖自行车、电动车的商家、修车师傅，以及二手黑车贩子。当然专偷自行车的盗窃集团也丢了饭碗，如果被警察打击他们还能“留得青山在”卷土重来，被市场淘汰就基本上就翻身无望了。

你说，自行车偷不了可以去偷钱包嘛，但是哦，现在的人连钱包都不用，支付宝、微信支付带来的无现金生活，让扒手的日子也不好过了。那也好办，没有钱包就偷手机啊，是吗？偷手机的收益远远比不上偷钱包：第一，出门只带手机不带钱包的情况下，只需要看好一件东西，群众的警觉集中化大大增加了扒手的出手难度；第二，钱包里的现金拿出来就可以用，而手机必须转手卖掉，多一道赃物处理程序，就多一份危险，付出的精力和时间成本也更多；第三，要感谢技术公开和市场竞争，使手机功能越来越强大的同时，价格也越来越低廉，加上推陈出新太快，手机已经从奢侈品彻底转化成日常消耗品，二手手机的利润早已大不如前。

很多时候，大趋势就是这么任性，它才不会管你是哪个行业哪个领域的，它甚至都不在乎你是不是拦了它的路，但要是你的视野里没有关注到它，那么很抱歉，有可能到你血流成河的时候都不知道自己是怎么死的。

在这个瞬息万变、跨界打劫的时代，淹没你的浪潮有可能从任何一个匪夷所思的方向汹涌而来，你预测不了从哪里冒出来的一个新兴行业突然就成了一股泥石流。我们能做的就只有睁大双眼，敞开胸怀，抱着世界远比你看到的更广阔的谦逊态度，尽力去接触和理解各种新鲜事物。看到什么奇怪的新兴行业出现时，先别去鄙视和质疑，而是发散思维去思考是什么趋势在推动着它们诞生，也许下一个机遇就能被你首先抓住，下一个危机就能被你完美避开。

“羊毛出在狗身上，由猪埋单。”世间万物都以千变万化的方式相互关联着，看不见那些联结线并不是你的错，但若蒙上自己的眼睛拒绝去看，那么，将来被什么想象不到的对手“革了命”，却也怪不得任何人。

第二节
我着实不算是一个合格的自媒体运营者

最初开公众号是因为注意到创业公司创始人 IP 化是一个潮流，基于对自媒体的好奇，再加上自己也有表达的欲望，于是半跟风地开了个公众号来玩。

我很清楚自己的定位，怎么都定不到一个职业自媒体人上面去，所以对我来说，写字单纯就为了写字，不去考虑写出来有没有人看，有没有阅读量，有没有“粉丝”。所以，凡事享受过程，弱化些目的性，人会开心很多，至少不会那么活得那般狭隘。

当然，既然开了号，还是会去了解一些相关的玩法、规则，有合适的表达方式也会尝试一下看看效果，在放下得失心的状态下，这是一种在紧张的工作之余，自我放松的乐趣。

不知不觉，就这么随性地写了一年，也总结出一些经验，不是能帮谁做好公众号的那种干货经验，仅供和我一样想在写点东西表达自我的乐趣中找到一点价值和意义的人参考。

我在写公众号期间，就收到过各种意见和建议，有建议我换更勾人好奇心的标题的，有希望我表达得更犀利以引起争议的，有觉得我写的就是垃圾而抨击我的，也有密切关注我发的每篇文章但就是不关注我的公众号的。

最后一种很有意思，我的专业做自媒体的朋友跟我探讨过这件事，他说正常的数据应该是每篇文章的平均阅读量是关注量的 10%，比如咪蒙，每篇文章阅读量 10W+ 是建立在百万级关注量的基础上的，其他大大小小的公众号数据也大抵如此，而我的文章平均阅读量总是大于关注量。最夸张的一次是在我开通公众号之初，有一篇阅读量超过 2W，而当时的关注量只有 200 多。

“简直匪夷所思”，朋友这样说。是吗？我一直以为这才是“正常”的，哈哈哈哈。

无论怎么说，广大吃瓜群众总归是热衷于搬小板凳排队看八卦的。八卦没有什么不好，跟吃喝拉撒睡一样，是人之本能。我的文章阅读量大于关注量这个现象，大概是因为大家好奇我爆了些什么八卦，而对我这个人并没有什么兴趣吧。

所以，写公众号文章的第一个经验就是：在没有明星光环、没有大基数粉丝支持的情况下，文章输出的价值观和文化符号一定要能扯住吃瓜群众的眼球，甚至戳中人性的一些痛点，必要的时候，也可以尝试标题党。但要注意“吃相”不要太难看，震惊体、男默女泪之类的标题到现在还是能获得大量的打开率，如果你的目的仅仅是某篇或某几篇文章的流量，那随你怎么震惊。但是对于我这种要形象要体面的伪自媒体人来说，调性怎么都比流量重要，于是就有了第二个经验。

文章输出的价值观和信息务必与你本人的价值观和风格相统一，最次也得基本匹配。不能为了扯眼球戳痛点，而输出一个与你长久以来所作所为完全背道而驰的观点。这样会带来一个后果，就是一旦有人强力挑战你的观点时，你个人长期以来所建立的知识构架和储备的信息量，完全撑不住你的观点，瞬间崩盘。当然，你若是越挫越勇的性格还好，要是反之，不认同的声音多了，还会毁了你写字的乐趣及兴趣。

所以做公众号目的性不要太强，享受写的过程，适当加入一些方式方法，最后，坚持做自己，时间会给你一个结果。

第三节
好想有几个高水准的“黑粉”

2017 年 4 月，开始跟成都电视台幸福频道《热线 188》栏目合作，做了一档节目叫《边走边谭》。这并不是第一次做节目，之前跟新闻栏目也有合作，常常出镜接受采访，谈谈对新闻事件的法律观点和建议什么的，虽然也算是跨界，但始终还在律师这个职业角色的范畴以内，我做得，任何一个律师都做得。这不符合我的本性，既然做了，就想要做些具有不可替代的事情，所谓的不可替代，就是这件事情要是没有我就做不成。于是有了《边走边谭》，虽然同样是针对社会热点事件或话题谈一谈法律观点和建议，但角色就不仅仅是律师，还附加了主持人、出镜记者、偶尔客串心理疏导之类，总之，算是正儿八经的跨界了。

刚开始做电视节目的时候很多同行并不理解，我一个律师，不去好好接客户打官司，干嘛跑去上电视做节目？做节目又没钱赚，还动不动就免费帮人打官司，也会有更多人盯着我的一言一行一举一动，稍不谨慎就招人黑被投诉，我是疯了吗？

大部分时候，我庆幸自己是个律师，可以更客观、更清楚地看到这个社会的不同面，可以更冷静、更理性地去思考自己能做些什么来让它变得更好；但更多时候，我对于自己仅仅是个律师又感到很沮丧。因为一个律师不管业务做得有多好，能帮的只有眼前的几个人，而真心想要做一些力所能及的公益普法之事时，才会发现——如果没有一点影响力，你“板了命”（四川话，即尽全力）又能帮得了多少？

这是一个人人皆为自媒体的时代，你的影响力越大，才越能传播好的、正面的观念和思想。普法的“普”字，就是“广泛传播、普及”的意思。如果没有一点影响力，你说的话都没人听，又能把法普到哪里去呢？

其实在节目开播之前，我们就预料到肯定会有争议和负面的声音，只是没想到会这么少，而且这么单一乏味。这大概也是由于整个节目制作团队都很认真严谨，让睁大眼睛挑刺的人只能从我身上找点不算问题的问题来戳一戳，却无力诟病节目本身。

好评与投诉的比例，大概是 999 ：1，而这仅有的几个投诉，居然都是说的同一个事儿——开车聊天和偶尔单手离盘，违反道路交通安全法。关于行车安全的问题，节目中已经说得很清楚，此处就不再赘述了。

其实有负面声音并不可怕，许多明星甚至希望自己能有一群高水准的黑粉，毕竟黑着黑着就红了的例子还是挺多的。有人质疑你抹黑你，一方面说明他们在关注你，无论是出于什么目的，都提高了你的流量；另一方面他们也能看到你对于质疑的态度和处理方式，时间越久了解你越多，到你的为人真正被他们认可的时候，他们对你的支持反而会更稳固。

我，谭万潇，做这档节目，是真实的、坦诚的，且问心无愧的，所以自然无惧任何非议。如果真的对这档公益的、普法的栏目有真诚的建议和想法，欢迎随时来找我交流探讨。但是——每个但是后面都是神转折——如果有人抱着无谓的眼红或“搅哨”（四川话，即搞破坏）心理，反复来纠缠同一个没有任何实际意义的问题，我就不得不说道说道了。

有句话（忘了听谁说的）说得好，“无谓是因为无知，或者别有用心”。

时间是很珍贵的，有那时间盯着每期节目数我单手离开方向盘多少次，你干点啥不好？别用来抓着虚妄的东西不放。想浑水摸鱼，也无须去攻击根本莫须有的点，倒不如多用点心，找找有没有我们节目组忽略的真正不足之处，只要你提出了建设性意见，哪怕是不成熟的小建议，我们大家都会感谢你。

有些滥竽充数的人不肯踏踏实实地打好基础，不肯花功夫研究传播逻辑，就想投个机，搞不好一不小心就出名了。这样的人我见过不止一个，在发邮件投诉的同时，内附一份个人简历，就差没直接说“放开那个老谭，让我上”这句话了，朋友，你是来搞笑的吗？你以为是写信给智联招聘啊？

电视台打造一个节目，自然有他们的考量标准，坦白地说，我承认，我不是圈儿里业务最好的，也不是圈儿里最帅的，至于是不是圈儿里最高的，这倒是可以考证考证。电视台为什么选择我来做《边走边谭》，是有道理和逻辑在里面的。

其实，眼睛能看到的大部分事情，都并不像你看到的那么简单。一期节目，短短的10来分钟画面里，背后有多少汗水和脑汁，这些是在电视机前看不到的。每次就看到一个老谭在车上叨叨叨的，有几个人会想到背后是怎样的一个团队在辛苦付出？

我简单给你们数数，从守着电话接听热线开始，询问案情事件，联系当事人，安排拍摄时间地点（有时候整个团队要跑非常远的地才去见当事人），设备的安装、维护、保养、更新，各环节、各场景的多机位拍摄（一期节目换了多少场景、有多少个机位可以自己去数数看），所有拍摄素材汇总、通看、剪辑（如总共录了 1 个小时，4 个机位加起来就要通看 4 个小时的素材），后期旁白、配音、字幕、特效……光我知道的就有这么多，还有很多专业的我并不知道的，也暂时还不想知道，会心疼……

在这里，我要特别感谢《边走边谭》的摄制团队，你们是真正的幕后英雄。

第四节
拿回你被偷走的时间

从健身、阅读、看剧、陪孩子，到开公众号、做电视节目，一直都有朋友问我，你哪里有那么多时间折腾这么多事？

01

我通常的回答就是一个字，挤！

其实严格意义上来讲，这个回答有开玩笑的成分，真正的答案是“选择”。

关于律师行业，有自由度一说。不可否认，相对于其他行业，做律师是可以不用早九晚五，时间自由安排。但就我看来，仅仅是时间多了点弹性，且在很大程度上要取决于当事人、法院、检察院、公安等主体的时间指令。所以，综合来看，律师行业的工作时间平均下来，只会高于其他行业。我们再打个折，假设工作时间与其他行业大致无异，那非工作时间也是大体相同的。

也就是说在不用工作的时候，在其他人选择看电视、玩网游、逛街、聚餐、逗猫遛狗、K 歌泡夜店，而我选择了折腾其他的事。我们的时间是差不多的，只是选择不同罢了。

选择是一种能力，我们应当去重视，并做出与之匹配的行动。我们的每个人生阶段都会面对很多的选项和机会，都恨不能全选与全部抓住，可对应的，也就要求我们付出更多的时间和精力。这势必带来两个坏处，一是精力的分散，二是无法还原本我价值。

我的建议是，面对众多选项和机会，花更多的时间去选择，花更少的时间去做。再简单点说，可参照学生时代考试前的划重点，更少，但效果更好。毕竟，做一个务实主义者，也没什么不好。

当你做出了选择，剩下的就是坚持，直到把这些选项变成习惯。

杰克·霍吉在他的《习惯的力量》中把“习惯”比作人体各种软件的编程，一旦启动就按既定的程序演绎，是行动者和空想者的根本区别。我们每天有90% 的行为是出自习惯的支配，也就是说，几乎每一天的每一件事都是习惯使然。塑造好的新习惯，改掉坏的老习惯，不失为改变我们生活的一个有效手段。

既然推荐了书，那就顺便再推荐一本吧，格雷戈·麦吉沃恩的《精要主义》，它主张的基本价值就是，若要最大限度成就真正重要之事，切忌贪多求全，事事应允，这基本也是在谈我前面说的选择问题。

02

时间管理的另外一个要义便是碎片时间的利用

基于工作关系，时常会穿梭市区各级法院，有些法院因为难停车的缘故，我会选择地铁出行。有心观察了地铁上的人和他们打发路途时间的行为方式，包括但不限于发呆、看地铁广告、看美女看帅哥、看书、玩手机、听歌、偷拍……

突然发现，同是在市区工作的奔波，如果解放出握着方向盘的手，再把集中驾驶的精力转移到看书思考上，那每天用于吸收新知识和学习新技能的碎片时间累加下来会多出很多。

或许有人要说，开车要便捷很多啊。其实不然，除了确保个人私密空间外，以现在市区的交通情况，开车没有太大的便捷优势。

当然，我这样说不是表示我为了碎片时间决定不开车了或请个司机，没有那么极端，但做了两个补充性调整，一是可以选择公共交通的情况下就不开车，二是开车时听些有声读物。比如，男神高晓松早期的《晓说》、罗胖的《罗辑思维》和《卑鄙的圣人曹操》后半部都是通过这两个补充性调整听完的。

以上是我关于时间管理的那么一点不成熟的小心得。适合我，但不一定适合所有人，所以觉得可以一试的尽管试，觉得无用的也大可不理。毕竟，自己的人生自己造，怎么舒服怎么来。

最后，送给大家一句话，是青年作家卢思浩说的。他说，在某个年纪之前，你可以靠透支身体，小聪明和老天给你的运气一直取巧地活着。然而到了某个年纪之后，真正能让你走远的，却是自律、积极和勤奋。

第五节

做到了这些，我就敢在忙到飞起来的时候出去玩

2017 年 8 月底 9 月初，我在新疆待了十多天，关于新疆行的行程介绍、旅游攻略、线路推荐等，作为一个伪旅游大使，我统统都不会写。

回到成都之后，没有任何缓冲和休息，第二天就立刻投入高强度的工作，很多朋友问我：你的工作安排这么密集，怎么还敢出去玩那么久？

这一年的工作安排确实十分密集，以致同事们向我抱怨，说跟我讲个事情要组织好语言在 30 秒内说完，不然我一晃神就消失了，简直来去如风。

工作、社交、出行、休息，谁都不可能全部兼顾，所谓的时间管理，无非就是合理安排和取舍的问题。

01 行程是随性的，工作规划是严谨的

说走就走的前提，是所有重要的工作不能中断，那就必须对近期的工作安排了如指掌。有的工作可以提到出行前处理，有的可以挪到回来后再处理，把出行前后的日程排满一些，不过就是牺牲掉一些睡眠时间，或者别的什么你认为可以牺牲的东西。

而我通常是连吃饭的时间都牺牲掉了，这样对身体不好，大家不要学我。

要注意的是，前后大挪移的工作不能对原本就在日程中的事项产生干扰，这就需要极强的时间观念，自己要做到守时，也得要求别人守时。

要求别人守时是很困难的，尤其是对于时间观念本来就不强的人来说。唯一的办法是长期保持自己守时的行事风格，让和你约见的人都知道你的习惯，有一道警戒线在那里，想来对方就算迟到也不好意思迟得太久。

02 为有可能出现的紧急情况做预案

律所成立这些年了，工作上的绝大部分事务都在射程范围内，所以完全可以预料到有可能会发生的紧急情况。那么，提前做好安排，相信团队，保持沟通，就能安心出行了。

意想不到的紧急情况是不可能完全避免的，总有小概率会发生你不希望发生的事。如果因此而怎么也放不下，那还是放弃说走就走的念头吧，不然就算逼自己出发了，也只能收获一路焦虑。

一定程度上，还得要相信运气，运气其实也就是随机概率，随机性既然不可避免，那就只有坦然接受。做好心理预期，如果发生不得不马上返回的情况，平静地回去处理就是了。要知道每段旅程都会有遗憾，别让这些遗憾毁了已经到手的美好体验。

03 判断事情的轻重缓急，并为此负责

当你安排好了所有你认为重要的事情，那就意味着大部分紧急事件其实并

不是那么重要，不要被看似紧急的表象误导了，以为它好像很重要。

事情再紧急，都不要忘记自己心中的重要程度认定标准，该分派的就分派，该放掉的就放掉，很多事情就算不处理对大局也不会有影响，要保持清醒，学会放下。

当然，一开始总会有判断失误的时候，要多思考总结，反复去调整和修正自己的标准，让判断越来越准确。这需要过程，更需要承认失误的勇气和承担后果的能力。

至于那些既不重要也不紧急的事情，你理它作甚？

关于时间管理的方法，有太多的理论、文章、书籍、课程，不过我始终认为试图用同一个套路来解决不同个体的问题，都是大忽悠。看再多别人总结的方法都仅供参考，自己的时间和人生，还是要自己去把握。

用网上流行的一句毒“鸡汤”——这个世界本来就是一拨人在昼夜不停地高速运转，另一拨人起床发现世界变了，还哭着嚷着说要去看看——与大家共勉。

第六节
其实跨界跟腿长无关

跨界这个事，也不是每个人都认同的。有太多一辈子专心做一件事最后成就传奇的例子，一般称为匠人精神，但是像我这样频频跨界，看上去确实有点不那么正经。

我喜欢做跨界的事情，并不代表不认同专注的力量，其实我在做每一件事情的时候，专注的程度可能都超出你的想象。要做到专注地跨界，也是有技巧的，而在技巧背后是一种并不容易掌握的能力，我之前从未在公开场合谈过这种能力，而练习这种能力的前提条件就是专注。

在跨界之前，先学会近乎极端的专注。

关于专注的好处听得太多了，此处我就简单说一说。当你全身心投入一件事情的时候，你的思维、身体、注意力都完全聚合在一个点上，所有的脑力和神经都协调运用在眼前的事情上，就会进入心流状态。在心流状态中，你几乎感觉不到时间的流逝和外界环境的干扰，这时做任何事情的效率都会达到你身体所能承受的巅峰，这意味着你会以最快的速度完成这件事。

如果所有事都能以很快的速度完成，那就表明你可以在同样的时间里做更多的事，所以说，高级的专注并不是一直只做一件事，而是做任何事都一样专注。如果一生只做一件事，要么是真的热爱它到超越一切，要么就是真的没有余力尝试别的领域。

当你掌握了专注，下一步就是要快速切换。要快到什么程度？简单来说，就是前脚刚送走客户，后脚电视台的摄制组就要来录节目，录完节目回到办公室喝口水就立即开始操练演讲稿。每一件事之间的间隔时间很短，可能只有几分钟用来调整和休息。这种思维的转换并不难，大多数人都能做到，区别就在于速度。

很多人从一件事切换到下一件事，需要很长时间来调整状态，甚至开发出各种有仪式感的过渡姿势，比如健康点的有沐浴更衣、静心冥想、做 100 个俯卧撑之类，做一件事需要 1 小时，仪式就弄了半小时，切换成本也太高了点。

除了快，思维转换还要干净利落，不能已经开始录节目了还在想着刚才是不是漏掉了客户透露的重要信息，也不能把处理上一件事的方法不经思考修正就顺延到下一件事上。比如刚跟客户沟通完，就要换种思路和状态跟合作伙伴沟通，不能只把沟通对象换了，方法还是原来那套。这不是说要你见人说人话见鬼说鬼话，表达方式只是表面功夫，换不换自己根据情况看着办，而切换的核心在于营销思维跟合作思维是两套不同的思维模式，有一定的共性，但这中间的逻辑关联和判断依据差别非常大。

人通常对用顺了的思维框架有着下意识的依赖，要在快速切换中克服这种本能的依赖是很难的。一开始我也没有想过要去刻意训练，只是我自己好奇心重，什么都想试试看，又好面子，应承了的事就想尽力做到最好，于是自己给自己很大的压力，不得不逼着自己在同一个阶段处理许多完全不同类型的工作，很多工作都不是只当律师的时候可以自己调整时间精力的，而是需要迅速、准确地反馈合作方的需求。于是巨大的压力逼出了潜力，慢慢就适应了这样的节奏，练成了快速切换的能力。节奏慢下来的时候反而有点不习惯，仿佛一身的精力没地儿花，就去找更多跨界的事情来做，这是一个停不下来的闭环。

其实除了工作上的跨界，快速切换的能力对生活也很有用。我听过很多人抱怨工作太忙没空陪家人，下班后精力不够用来看书学习充电，想出去旅行放松一下却根本抽不出时间。在上一篇文章里我就提到过（参考《做到这些，我就可以在忙到飞起来的时候出去玩》），只要安排得当就能尽情去做想做的事情，这是选择和取舍的问题。现在又加上一条——掌握了快速切换的能力，你的生活可以有更多选择。

第七节
律师该如何优雅地晒朋友圈

这是一个奇葩不稀奇、平淡才会被“diss”的全民造梗时代，热搜 10 分钟更新一轮，10W+ 爆款文章热度不会超过 24 小时，抖音快手西瓜根本看不过来。蓬勃发展的社交平台为人们提供了充分展示自己的土壤，无论你是英雄还是狗熊，都能找到自己的舞台。谁都有权利在社交网络中为自己争取更大的展示平台以获得更多资源，作为律师当然也不能示弱。

由于律师的业务具有相当的垂直性和地域性，目前律师朋友们的主要展示平台还是朋友圈。朋友圈最初只相当于自家客厅，认识的人才会被邀请来做客，如今这种私密性和局限性早已不复存在，我们需要把朋友圈看作一个广场，如何在这个大广场上舞出精彩人生，也是需要花心思去钻营的。

那么，作为一名律师，应该如何运营自己的朋友圈呢？

01 内容多元化

曾经流传过一个朋友圈鄙视链，大概就是晒旅行的看不上晒加班的，晒加班的看不上晒报网课的，晒报网课的看不上晒运动美食的，晒运动美食的看不上晒萌宠的，晒萌宠的看不上晒自拍的，晒自拍的看不上晒娃的，所有人都看不上晒旅游带位置信息的……

当然这只是个段子，实际上任何人的生活都不是单一的，可以晒的东西很多：工作成绩、兴趣爱好、观点看法、心情状态、活动聚会，等等。只要能够体现你的个性、品味、人生态度的，内容涵盖范围可以尽可能的广泛丰富。

只展示某一方面的内容会让人感觉你要么越缺啥越晒啥，要么本就是个乏味的人。什么都晒一点，就算有鄙视链也可以傲视群雄。

02 个性差异化

最近流行一句鸡汤：好看的皮囊千篇一律，有趣的灵魂万里挑一。那些直播视频中批量生产的网红脸主播们，好看是好看，却让观众们都被动患上脸盲症，根本记不住谁是谁。

要让人记住你，就要有点和别人不一样的地方。别人都晒海滩的时候你晒雪山，别人都晒男朋友的时候你晒流浪狗，别人都晒蓝天白云的时候你晒暴雨将至，分分钟脱颖而出鹤立鸡群，让人想记不住你都难。

但要注意别每条内容都扯着嗓子高唱“我们不一样”，那样显得太刻意，云淡风轻地展现你的特立独行，这才是晒风格的最高境界。

03 有点深度

不管你晒的是什么，都不要流于表面。

晒一趟西藏自驾游可以带点人文关怀，别只有干巴巴的“哇噻好美”；晒电影票可以来几句犀利点评，别只说一句“好看”了事；晒车晒房晒奢侈品请说点专业术语或品牌文化，炫富不如炫知识点来的高级；晒娃晒狗晒自拍最好掌握点摄影技巧，什么黄金分割高速连拍伦勃朗光，再不济至少也得研究一下滤镜的用法。

晒朋友圈也需要有一点用户思维，要么养眼、要么长见识、要么情绪共鸣，要让人们长期关注你的动态，怎么也得在看热闹之外创造出些许额外价值，这是对观众最走心的尊重。

再说了，发圈儿的时候多想一层，把每一次看图说话都当作营销文案来认真构思，对于你自己也是一个利用碎片时间积累深度思考的好机会，何乐而不为？

04 注意尺度

上面几条玩得再转，也千万谨记，律师行业不是一个可以肆意放飞自我的领域，我们的职责就是维持秩序守护规则，我们带着这个身份走出去就是国家司法系统的一部分，在我们心中应该时刻揣着作为律师的信念和责任。无论怎么蹦跶，都要记得自己是谁，清楚界限在哪儿，别让整个行业来为个人的行为失格买单。

正如运动员哪怕成绩再好，涉及违禁都会被取消资格，那些能在规则限定的范围内取得傲人成绩的人，才是真正的高手。

肯定有人要吐槽，发个朋友圈都要操那么多心，多累啊！每天的工作已经够忙了，执业形象还没有管理好，哪还有精力管理朋友圈？

好吧，那么可以把前三条都当段子，看完了啥也没记住也无所谓，关于律师该怎么晒朋友圈，只需要记住下面这句最重要的话就够了——你想要过着真正属于自己的高品质人生，还是光怪陆离地活在与你无关的其他人眼中？你的朋友圈是要记录那些对自己来说重要的时刻，还是堆砌供人娱乐的空心泡沫？由你自己斟酌。

第八节

自律的最高境界

2017 年某一天我的日程：

早上 8:30–9:30 健身

上午 10:00–12:00 开运营会

中午 12:30–13:40 录《边走边谭》

下午 14:00–14:30 修改演讲稿

下午 14:30–15:30 客户咨询

下午 15:40–16:30 做方案

下午 16:30–18:00 写公众号文章

下午 18:30–19:30 客户咨询

晚上 20:00–21:30 陪女儿玩、读故事

晚上 22:00–23:00 打游戏

晚上 23:00–01:00 看书

凌晨 01:10 睡觉

这是一个非常普通的工作日，不出差的时候几乎都排得这么满，一年 365

天，我大概有 200 天是这样过的，剩下的 165 天中，有 100 天比这个还要密集。表面上看，尤其是从我的朋友圈看起来，我的日子过得还算充实，运动、旅游、打游戏、看电影、陪家人、朋友聚会，一样也没落下，不像是非常勤奋自律的工作狂。但据我这些年的经验，其实越自律的人，看上去生活得越轻松自在，反而是那些习惯拖延的家伙随时都显得紧张焦虑，仿佛连喘口气的工夫都在处理工作。

如果你还觉得自律就是让自己的生命被工作和学习填满，无限压缩娱乐和休息时间，那就完全是对“自律”概念的错误理解。自律是指通过清晰明确的自我管理，掌控自己的生活规律和时间利用率，在恰当的时间做对自己的目标最有意义的事情，同时留出足够的时间充分享受生活。照这种说法，其实我还没有达到最理想的状态，偶尔也会觉得疲惫、压力大。如果自律到极致，我想应该是产出更多、质量更好且还能每天精力旺盛的境界，这将是我接下来将努力去靠近的目标。

对于培养自律，我想把自己这些年的经验心得整理出来，一方面是给自己做个总结，另一方面也是抛个“砖”出来和大家一起探讨。

01 像打绳结一样分割时间

在原始社会，没有成系统的文字，没有发明出数字的时候，原始人是用结绳记事来记录重要的事情，看到绳子上的结，就回忆起当时发生了什么，好将狩猎技巧、气候规律、部落冲突等之类关键信息讲给没有经历过的人听，以便让知识得以传播和继承。

结绳记事记录的是已经发生的事情，现在让我们把这个意象用来规划将要发生的事情。首先把时间想象成一条长长的绳子，每天的绳子长度是一样的，每过一个小时刻度就向前移动一段，像把时钟的圆扯直拉长一样，当刻度走到这条绳子的末端，24 小时就没有了。这很容易想象，记住这个意象。

接下来，想想明天有哪些重要事项，给这些事项定一个执行的时间点，在绳子的对应位置打个结，由于不同事项需要的时间长短不一，所以绳子上的结间距肯定是不同的。现在回过头看看最开始的日程表，可以看出，我对时间的分段节点有种执念，喜欢卡整数，00 或者 30，这样做的好处是绳结就算间距有长有短，但规律也是有迹可循的，可以让我更精确地感知时间点。每次到了打结的那个点，脑子里就会“叮”的一声，提醒我下一个时间快要开始了，赶紧切换状态进入下一段工作。

还有一个好处是，当还没到下一个节点时，上一段的事项已经完成了，剩余的 10 分钟、20 分钟就是我的放空时间，我可以在这段时间里干点杂七杂八的闲事，比如逛微博、看搞笑视频、刷朋友圈、跟同事闲聊什么的，总之就是什么不费脑子就干什么，充分休息恢复元气。一些没什么用处却能让朋友开心的段子就是在这些零碎时间里看来的，我的朋友圈平均每天更新 5 条左右也是这么来的。

02 找到长期自律的动力

有的朋友偶尔读到一篇关于自律有多好、应该怎么做的文章，觉得很不错，兴致勃勃地开始尝试，然而没坚持几天就恢复原状了，放纵一阵之后觉得这样不行又开始新一轮的自律，同样没多久就因为自律实在是太累而放弃了。反复几次之后，形成一种认知，觉得自己天性就是懒散的人，这辈子也做不到自律，干脆就彻底松懈，继续毫无改变地懒散下去。

自律这件事，一开始都是反人性的，让人又累又憋屈，要持续一段比较长的时间形成惯性，才能感受到它的好处。坚持不下去的原因往往在于缺乏坚持的动力，动力则来源于内心强烈的想要实现什么事的欲望，简称目标。那么什么样的目标能够提供持久动力呢？

“明天要把方案做出来”是个目标，但只够支撑明天一天的动力；“周五之前要完成所有工作周末才可以出去玩”是个目标，但只够支撑这一周的动力；“本月内要啃完一本100万字的专业书”是个目标，但只够支撑这个月的动力。养成一个新的习惯至少要三个月，而彻底稳固这个习惯成为本能则至少要一年，上面那些目标都太短小，不足以产生推动你持续自律的动力。所以，你需要给自己定一个至少需要一年的持续推进才能完成的目标，同时对这个目标充满渴望和激情，最好渴望到要是没完成你会悔恨万分甚至厌恶自己的程度。

那么，在你决定要培养自律之前，先找到你最重要的心愿，比如想学的技能、想赚多少钱、想追的姑娘、想获得的成就。别拿那些就算做不到也不难过的事情来敷衍自己，这样很容易中途放弃。为了获得改变一生的好习惯，就要拿最珍视和最真实的心愿来虐一虐自己。相信我，一年之后，你会感谢那个自虐的你。

对于余生来说，一年还是短了点，养成一个好习惯需要一年，毁掉一个好习惯只需要两周，所以要让自律持续对人生产生正面影响，最好还是树立更远大的目标。“不积跬步，无以至千里”，心中要惦记着千里之外的那个地方，迈出的每一步才会有意义。

03 需要分配的除了时间还有精力

时间管理有两个维度，即时间和精力。很多人只规划时间却忽略了精力管理，所以常常把自己逼得筋疲力尽之后发现还是完不成计划。其实做时间管理计划的重点并不在于如何填满工作时间，而在于把有限的精力分配在恰当的时间框架里，以达到产出效率最大化。机器和人工智能之所以能取代很多人工，是因为机器不会累，只要电源不断、零件没坏，机器就可以一刻不停地工作，而且保持持续平稳的生产效率。在这一点上人输了，人的注意力和体力有限，注定不能做到长时间匀速产出。

当人疲惫的时候，必须通过休息来恢复，如果说机器的产出状态是一条直线，那么人的产出状态就是各式各样的波浪线，有的波浪疏密有致很有规律，看上去非常美观；有的波浪忽高忽低毫无章法，就像让人心烦意乱的噪声；有的波浪大起大落触目惊心，跟坐过山车一样紧张刺激。因此并没有一种适用于所有人的标准化精力分配方案，不同的人做不同的事情时，效率最高的时段也不一样，只有一个通用逻辑，就是在精力最好的时段做一天中最重要的事。

最好花点时间来了解自己的生物钟，是早上注意力最容易集中还是夜深人静时脑子最清楚，有的人上午清醒下午犯困，有的人则相反。回想一下过去的一周里，你通常在哪个时段做事又好又快，就尽量把最重要的事安排在哪个时段去做，持续一段时间后，把这个规律稳固下来。高效时段以外的时间，就用来处理琐事和其他你想做的好玩的事。

04 自律的最高境界是“看上去很闲”

必须要说的是，有的人对自律有误解，觉得自律就是时时刻刻都在工作和学习，没有一刻松懈，如果照这个标准，没有谁是自律的。就像前面说的那样，合理安排时间和精力，掌控自己的生物钟规律，是为了用最少的时间完成最重要的工作，其余时间才可以放松地休闲。除了工作，生命中还有很多重要的事情，家庭、朋友、健康、爱好、心灵、眼界、信仰……在我看来缺了任何一样，人生都会变得不完整，自律不是让你为了某个单一目的而舍弃其他，而是让你能够游刃有余地搞定所有。

我最佩服的一种人——看上去闲的不得了，到处去旅行，学各种跟事业无关的超酷技能，一大堆天南海北各行各业的有趣朋友，不管什么话题都能聊出深度，脾气好、爱家人、懂生活，事业做得还很牛。我觉得这才是自律的最高境界，不假装勤奋给别人看，只专注于过好自己想要的人生。

至于我，离最高境界还差得远，继续努力吧！

第九节
跨界，用最舒服的姿势

很多人对“跨界”是有误解的，以为跨界就是同时在几个不同的领域做完全没有关联的事情。这个领域踩一脚，发现没有天分做不好，就换一个领域再试试，美其名曰“试错”，试来试去浪费了许多时间，却没有一样是做到精通的。我认为这个不叫跨界，叫饥不择食，叫病急乱投医，叫三分钟热度。

反复地尝试—失败—再尝试，运气好的话还是可以掌握一堆入门技能，跟人聊天的时候能吹吹牛，运气不好的话，最初的兴趣和热情都被消磨殆尽。在消极状态下机械地学习，效率极低不说，原本的工作状态都会受到影响。盲目的“跨界”行动带来的往往不是斜杠标签，而是目标混乱加身心疲惫。

在这里，我把我对跨界的理解和探索毫无保留地梳理出来，不敢说完全正确，如果能提供一些参考就再好不过了。

01 主职都没做好，拿什么条件去跨界？

首先要认清一个事实，大部分跨界起初都是兴趣爱好，而大部分的兴趣爱好都是需要花钱的。

比如说摄影，“摄影穷三代，单反毁一生”的说法不是没有道理的，在技术还不到位，一台更高级的相机能让你拍的照片效果大幅提升，你买不买？自己瞎拍很久都没有进步，于是线下买书线上买课。学了点理论就想赶快实践一下，熟悉的风景看多了没感觉，要去旅行、自驾采风。有点成果了要有人欣赏，要跟“大牛”学习交流，慢慢混进某个摄影圈子，发现别人的装备都比你的高级，你那入门级“小痰盂”都不够看，于是又购置新装备……没有稳定且还算可以的收入来源，基本上就没得玩。

另外，任何兴趣爱好都需要投入时间和精力去学习掌握。就算你不打算当个业余乐队吉他手，只是随便弹弹图个开心，也得要花时间练指法记和弦。

所以，想要发展一个兴趣爱好成为跨界技能，就需要先做到主职工作游刃有余。何谓游刃有余？就是能够带来足够收入的同时，还能在下班后保有剩余的时间和精力。拿律师来说，光是做到这一点，就需要至少三五年的艰苦奋斗。

任何行业都一样，刚入行的新人就该沉淀下来先打磨好本职工作，现实永远要走在梦想前面，不要把追求梦想当作逃避现实的借口。要去哪里之前，至少先穿上鞋子。

02 跨界领域和本职工作互相赋能

前面说到大部分跨界都是始于兴趣爱好，但并不是所有的兴趣爱好都适合往跨界发展。虽然常常听说谁谁谁今年学这个明年学那个，几年下来积累了许多毫无关联的跨领域技能，但他们在谈自己的经历的时候，通常不会强调在掌握那么多斜杠之前，他们花了多少努力来锻炼自己的领悟力和学习能力。只有拼尽全力才能看起来毫不费力，你看不到的往往才是最关键的。

说是毫无关联也不准确，其实世间万物都有相通之处，看似没有关系的学科或技能，在学习方法上都有相似的底层逻辑。这是另一个主题，就不在这篇文章里细说了。

在没有掌握到高效的学习方法之前，又想要做一些跨界的事情来增加自己的差异性竞争力，有一个基本原则就是：选择和自己的本职工作相互赋能的领域去跨界。也就是说跨界领域和本职工作有关联，并且能互相促进。我今年跟电视台合作的节目《边走边谭》，就是基于这个原则选择的跨界项目。

虽然我挺喜欢说话，也接受过一些电视节目的采访，但要是作为主持人，独立主导节目的节奏和内容走向，又没有脚本和台词全靠临场应变，还是挺有难度的。促使我接下这个工作的原因有几点，第一，这是一档社会公益普法节目，节目内容就跟我的本职工作挂钩，就算没有脚本，在提前了解案件的情况下，还是能游刃有余地搞定谈话内容；第二，电视台领导给了我充足的空间，让我可以以自己的方式去谈话，另外，找我做这档节目也是看中我本来的调性；第三，经过电视台节目策划组和我所运营团队的多次协商探讨，最终确定了开车聊天的场景，人在自己熟悉的环境做着熟悉的动作时，会更自在放松，这也算是一种主场优势。

算来到定稿之日，节目应该播了差不多一年，目前的录制方式对我来说已经非常游刃有余了，接下来如果还有幸继续做《边走边谭》，就该考虑创新了。这一年我逐渐把电视节目的制作流程摸了个七七八八，面对镜头也自然很多，同时，做节目普法相对于律师工作来说更接地气，也探索出许多与当事人沟通的新方法，两边相互赋能，都有所提高，这一跨界项目算是交了份还不错的成绩单。

给初步尝试跨界的朋友们一点建议，就是从你的兴趣爱好中找跟本职工作有一定关联的进行深度开发，慢慢找到舒服的跨界姿势，然后尽力去做好你所选择的项目，多总结方法，积累下来就会成为自己与别人拉大差异化的优势。

03 千万别勉强自己

跨界这个事情，重要是重要，但不该成为工作生活的唯一重心。当有跨界的机会来到你面前时，请以兴趣为先，优先考虑自己是不是喜欢做这件事，别为了跨界而急着踏入一个根本不感兴趣的领域。就跟当初选择做律师一样，如果不喜欢，就坚持不到成为独立律师的那一天，做喜欢的事情才能投入和享受，勉强是没有幸福的。

前面说了跨界的前提是稳住本职工作，那么跨界的时候就保持平常心吧，保证主职不受影响，就算最终没能跨过去也没什么大不了，放松享受跨界的乐趣会获得更多。

一生只做一件事是匠心，尽自己所能尝试更多不同的领域也不是种不错的人生体验，人生不长，选择最舒服的姿势才是正经事。

Chapter 3

第三章

领导力觉醒

第一节
你看见枷锁，我却看见百合

我的词典里就没有“下班时间”一词，无论职业属性、事业阶段，还是个人喜好。

所以，9：00pm 我还在办公室。

因为客户时间的调整，接待完时已经过了饭点，极端阴暗性格作祟，就又和冯律师讨论了下案子。

回自己办公室准备收拾东西离开时，发现桌上放着一个杯子和一盒粉末状的药，盒子上贴了张小纸条。上面写着：主任，这是胃药，里面是一次的量，你加水一起服下即可，服药后不能喝茶哈！

天呐！！！我是典型的巨蟹座啊！一米九的壳子里面有多柔软，你们知道吗？！

我压制着内心汹涌的感动，抬起头不让眼泪流下来，迅速摸出手机拍照发圈儿……

这条朋友圈一发，陆续就收到几十条评论，里面有好几条都围绕“工资”展开，大意就是：

1. 你是老板，给人发了工资的，该啊！

2. 你工资给的高啊！

3. 你不发工资试试？

……

先说一下工资的定义。我就不翻词典了，直接问度娘，她说：

工资是工钱的一种类型，即员工的薪资，是固定工作关系里的员工所得的薪酬，是雇主或者法定用人单位依据法律规定、或行业规定、或根据与员工之间的约定，以货币形式对员工的劳动所支付的报酬，是劳务报酬（劳酬）中的一种主要形式。

固定工作关系范畴 + 法律规定范畴 + 行业规定范畴里，都不包含给老板准备胃药，更不要说贴小纸条叮嘱吃药。至于和员工之间的约定范畴，对不起，韬世的劳动合同还没有细致到这一步。

所以，韬世的员工做好上述范畴里的工作，就领取他 / 她应得的报酬，不在范畴里的事，没有对应的义务，也就没有该不该一说。

顺便说一下，韬世的薪酬体系有严格标准，所以，工资给的高这种说法也就不成立了。

重点说下“你不发工资试试”。创业这条路也走了些年月了，不给员工发工资这事儿还真没做过，一是不敢做，二是没有机会做。

为什么不敢做？

第一，谁都要吃饭租房买衣买房买车恋爱结婚生娃养家娱乐缴税，不发工资让员工到你家吃住，和你恋爱结婚生娃？我同意，我老婆也不同意。

第二，做法律工作的，《中华人民共和国劳动合同法》摆在那儿，还去背“知法犯法”这名儿？我同意，相关部门也不同意。

第三，经济社会，给你做事你不给钱，信不信立马甩粗口问候你，接着心里不带重复的一万字问候你全家？我同意，我家人也不同意。

为什么没有机会做？

原因很简单，韬世的财务预算里有一部分款项是专项使用的，就算出现最为极端的情况，即韬世半年没有任何营收，基础运营费用都能得以保障，这里面是包含员工薪酬的。

最后，我想说的是，劳动关系是财产关系的同时，也是人身关系。何况，这年头这环境，谁谁谁后面都可以加个“总”。哪儿哪儿没个老板？哪儿哪儿不能工作？若单单为了那份工资，我和韬世实在没有太大的竞争力。

撇开那些管理学所谓的“企业文化”“人格魅力”“适度洗脑”“预期利益”不谈，最实际也是最有效的便是，坚持做好你自己，同时，以最大的真诚去对待他人。

当然，善意是一种选择，而选择是会付出代价的。

但，不打紧。南无阿弥陀佛。

第二节
你让别人舒服的程度，决定了你的高度

团队篇

作为韬世律所的主任，我招聘人员可以说是很任性了，所以我们团队什么“妖魔鬼怪”都有。

有闷头做案子，很少出现在办公室，相当没有存在感的冯律师；有一出现就怒刷存在感，爱讲油腻段子，同事们一边嫌弃他一边喜欢找他聊天的刘律师；有活泼开朗古灵精怪，执行力超强的客户执行；有安静内敛，我常常搞不懂她在做什么，只管到 deadline 的时候验收成果的运营同学。

与许多传统行业要求团队成员无限趋同的公司不同，这些性格千差万别的能人经过一段时间的磨合，都能在韬世找到舒服的位置。

管理者常常犯的错误是，认为自己是核心，团队都应该以自己为标杆来规范自己的行为，一旦团队出现问题，永远是别人心态不好、消极怠工、缺乏合作意识等原因，自己永远是对的。这是大错特错的。

招进来一个有才能的人，过段时间后你觉得他没为公司带来预期中的价值，那不是他的问题而是管理者的问题，是你没有放对他的位置，无视他本身的个性和做事方式，一味要求他按照你给的模板去做，结果当然是他做得很拘谨，你看着也纠结。

要有耐心，给一个有潜力的人成长的空间和时间。空间怎么给？不干涉他做事的方式，放手让他按自己的节奏去做，你只需要观察他阶段性的成果，偶尔关注一下进度，不要让他觉得你妄图控制他，也别让他觉得你根本不在乎他的工作内容。

时间怎么给？成长的过程因人而异，有人需要带领，有人需要推动，有人需要鼓励，有人需要鞭策，有人慢热需要多一点独立思考，有人热情需要很多人来讨论、提建议……跟他们初识的时候，你无法一眼看出他是什么类型，他也不会第一时间展现真实的自我，作为管理者，我也有自己的习惯和调性，我也同样希望团队可以配合和理解我。所以我们需要时间来相互了解、磨合。

人们对他人的态度和情绪都是有感应的，你给予足够的耐心，对方一定会感应到，同样会回馈给你耐心。于团队而言，人与人之间最舒服的相处，就是彼此了解对方的长处，肯定对方的价值，同时包容和体谅他人与自己的不同，并随时做好互补的准备。

对外合作篇

因为体格的关系，初次合作的对象一开始总会以为我是难搞的类型，沟通下来才发现——老谭，跟你合作太舒坦了。

对不起，都是我的错，作为一个网红，我不该这么好说话，那样显得我不够高冷……才怪，我已经够高了，再冷的话会没朋友的！

玩笑归玩笑，还是说回正经的。合作嘛，就是双方互换价值各取所需，又不是只有你单方面给对方好处，你凭什么端着架子？道理就是这么简单，我想了半天觉得没有什么好啰唆的了。但是就是这个大家都知道的浅显道理，还是有很多人没搞明白。

中国人好面子，在你来我往中总喜欢端出些高人一等的优越感，才感觉占了上风。上风有什么好占的？帮下风口的小伙伴挡风吗？都是出来跑江湖的，没有谁比谁地位更高，如果你真的高了，你的合作方也会水涨船高，能够在一起合作，说明双方本质上的高度是差不多的。

接下来要说的是做事的方式问题。运营部的同事跟我谈过一个体会，刚开始的时候她觉得我对工作要求太细，太吹毛求疵，常常因为错别字之类的小毛病被我骂得灰头土脸（我从不骂人，真的，只说事情哪里没做好），让她很是沮丧。后来她慢慢习惯了我对细节的高要求，工作越做越顺手，她就认为这是理所应当的，任何一个团队都应该是这样。有一次跟外部组织合作个项目，她吃惊地跟我说："他们做事太不靠谱了，没有时间观念，也没有流程推进，他们负责的事情居然还要我去催进度！你猜我在他们公司看到什么？有人边做正事边打王者荣耀，领导看到也不管，这怎么让人放心！"

我也就呵呵了一下，没告诉她这还算好的，更松散的团队也有很多。而每一个跟我们合作过的团队，都感叹过我们团队怎么这么高效这么靠谱，跟我们合作太舒服了，完全不操心。是啊，我们靠谱的背后是挣着卖白菜的钱，操着卖白粉的心。

靠谱、高效、省心，正在成为我们团队的鲜明标签，不管遇到什么样的合作方，只要坚持一直这么做，就会内化成我们的团队气质和核心竞争力。累吗？累，但是值得。这让我们获得外界的尊重、信任，以及更多主动找上门的合作机会。

让别人舒服一点，最终舒服的还是自己。

第三节
人为什么总犯同样的错误?

有句话是这么说的：努力不一定成功，但是不努力，一定会很舒服。

人在自己的舒适圈里的时候总是很舒服的，对不同的人，舒服的姿势也不尽相同，有人习惯躺着看书，你让他坐直了读书，他会很不舒服，因为坐直了不是他的习惯。习惯就是这件事情过去我是这样处理的，现在又遇到了我也这样处理，无须用力思考来改变行为模式，舒服吗？当然舒服。但是舒服的后果就是处理事情的方式没有任何改进，效率几乎没有提高，此刻的你跟过去的你相比没有一点进步。

这就是总犯同样错误的第一个原因——总是用单一的习惯性的方式来处理所有新的问题。

很奇怪的是，许多人明知道旧的习惯和方式是不好的，却还是不改进，这就是第二个原因——犯错成本太低。

也许运气好进入了一个宽松的环境，遇到一个宽松的领导，制定了一系列宽松的制度，更有可能是刻意避开了不宽松，选择了更宽松的地方。总之，宽松的环境对人的惰性具有更高的宽容度。

这周完成还是下周完成，反正都是完成，反正完成了就够了，没有人要求你提高效率，你也就不会去思考怎么能提高效率，怎么能让事情完成得更完美。

在刚开始做公众号的时候，我看过许多关于自媒体内容运营的文章，其中有个观点说，比起传统媒体高高在上的传达信息的模式，粉丝们更喜欢人格化的自媒体。什么是人格化？就是看他的文章、跟他留言互动，能感觉到是一个活生生的人在后台操作。是活人就不是完美的，会有瑕疵、会有疏漏、会有失误，所以文章中出现错别字、病句什么的很正常，反而会显得真实可爱。这个观点确实有点道理，可我还觉得这多多少少有一点诱导的意味，某些本就不够严谨或者日更（指每天都要发布更新）的压力让他们无力追求严谨的内容生产者，为了降低自己的犯错成本而制造出一个说法，说的人多了，听的人多了，认可的人也就多了，于是成了“道理”。这样一来，当认可这个“道理”的人阅读文章时，看到错别字、病句什么的，就不会觉得“哎呀，这里错了”，而是觉得“哎呀，真可爱”。

不管是人为引导的还是运气好没有造成过严重后果的，只要犯错成本低，就不会被重视，没狠狠痛过就不会知错。

可能你会觉得不就是几个错别字嘛，不影响意思就行了，何必这么上纲上线？说实话每次看到错别字我都有种本能的难受，这应该是我作为一个律师长期严谨带来的执念。你在重要合同里来几个错别字试试，一个字的不精准可能造成无法挽回的损失。所以我每次写好文章发布之前，都会让文字功底扎实的运营团队成员反复校对，每一篇，都要反复强调检查错别字，从不怕他们嫌我啰唆。

这样做的好处也是显而易见的，长期下来，整个团队对细节的敏感度越来越高，这种严谨的习惯和态度会辐射到公众号之外的各个方面，包括跟外部的合作方案、演示文档、资料，等等。久而久之，跟我们合作的公司都对我们团队整体形成了严谨、专业、值得信赖的印象，这其中的好处无须赘述。

当然，人不可能永远不犯错，只要不是重复犯同样的错误，那么犯错就是件好事，说明在新的领域推进新的事项，犯错就是进步的前提。

作为团队领导，要懂得调整自己的宽容度，当失误发生的时候，先搞清楚某人犯错是惯犯还是初犯。如果是惯犯，可能是之前的犯错成本还不够大，这时就要强制增加他的犯错成本，让他痛，虽然有点不人道，但绝对有必要；如果是初犯，大可以宽容一些，给他时间和空间去补救、反思，聪明人会懂得你的用心良苦。

第四节
高效沟通的三个基本要素

关于沟通已经有太多的理论和方法，可以让大家去学习提高。我想说的是，沟通不仅仅局限于说话和倾听，书写和阅读。从我们出生的那一刻开始，只要我们在与周围的人和环境产生联系，那我们就一直在沟通，即使沉默不语，你的表情、动作都在为你传达信息，有时候没有说出来的话，往往比说出来的表达得更多。

在沟通当中，对方也不会仅仅是听你所说的话来判断信息。语言运用得再漂亮，如果缺乏基本意识的支撑和整体行为的配合，仍然会使倾听的一方误解或曲解你想要表达的意思，或者暴露你真实的意图。

想要达到良好的沟通效果，就要从改变自身做起。

01 言行一致

良好的高效的沟通，最基础的一点建立在双方的信任之上。想要获得对方的信任，首先要做到言行一致。人们信任你，并不因为你有多高的社会地位，你认识多少厉害的人，你有多少财产，你有多么聪明。人们决定信任你，仅仅是因为你有没有做到在他们面前所做的承诺。

言行不一致，会导致对方给你下两种判断。一是你不在乎承诺，不把答应别人的事情放在心上，而对方往往听进去了你的承诺，记住了你所说的话。对同一件事情的不同重视程度，总会让更重视的一方，感觉不被尊重。沟通中的双方一旦有一方觉得不被对方所尊重，那么信任也就荡然无存了。

二是让对方觉得你没有能力完成承诺。当你在作出承诺的那一瞬间，就意味着你会为你的承诺负责。在你自己的判断中你是可以完成的，然而最终却没有做到，只能说是你给自己定下了高出自己能力的目标，而你的能力并不足以让你做到你所承诺的事情。做不到，往往不会只有一个原因，而是许多个环节共同导致的，但如果你没能搞定其中的任何一个环节，放任“做不到”发生，那最大的可能性就是你确实没有能力。尊重对方是你心中的动力，别人通常不会在乎你是不是有动力去完成承诺，只会看你没有完成的这一个结果。

比如说守时这件事，跟对方约好的时间，你迟到了。迟到的原因是什么？昨天晚上失眠，闹钟没响，东西忘拿，路上太堵，找不到停车位……没错，这些都是“不可抗”的理由，但你并非没有办法解决他们。预判到有可出现的所有问题，你只需要提前半小时出门，就可以解决，但你还是迟到了，只能说是你自身的问题。

不管是没能力还是没动力，做不到就是做不到，言行不一致，就是言行不一致，不管你有任何对你来说合理的不可抗力，在对方看来都是“不可信”。

02 注意分寸

展开一次互相信任的沟通，除了要真诚，也需要有分寸，有些话不说透更好。哪些话属于不说透更好的范畴呢？

第一是沟通与主题无关的信息。比如你去医院看病，医生却跟你聊，他今天早上吃了什么？东拉西扯，就是不说你的病情，你会怎么想？是会觉得这医生磨磨唧唧耽误时间，还是会怀疑你是不是得了什么绝症，医生顾左右而言他，就是避免对你造成太大的刺激？

不聊与沟通主题无关的信息。首先是节约双方的时间。其次是不增加迷惑项，避免对方对你所表达的信息过度解读。

第二是在这次沟通之前，可能你们之前已经沟通过一些有争议的观点。对于已经达成共识的争议，首先不能翻旧账，其次不要犹豫不决。每次沟通最重要的是解决当下的问题，如果你还抓住上一次的问题不放，对方可能会觉得，你为什么上一次不把你的疑惑说出来？那上次花的时间所达成的共识都是白费了吗？基于这样的疑惑，接下来的沟通也会出现很大的问题。

夫妻吵架最容易出现翻旧账的情况。争吵的点不够支撑此刻愤怒的情绪，所以不得不翻出一些过去曾经争论过的事情来加重情绪。情绪是得到了宣泄，却让对方变得更加愤怒，可能最后双方吵得面红耳赤，问题却仍然没有得到解决。这样的沟通是没有任何意义的。

第三是对与所沟通的主题相关的人，避免进行个人色彩浓厚的评价。简单地讲，就是不要在别人背后说坏话。其实不止在沟通当中，无论在什么时候，都应该避免被对别人做出基于你个人情绪的评价。

可能有些人觉得一起在背后说某个人的坏话，能够拉近谈话的人之间的感情和关系，所谓吐槽吐出来的革命友谊。然而我仍然认为，吐槽也是需要分寸的，哪怕再熟悉再亲密的人之间，在吐槽的时候，也要避免使用一些过于强烈的词句语言。人与人之间的关系是不断变化的，说不准哪一天，你曾经吐槽过的人就成了你的合作伙伴；也更说不准，此时此刻跟你称兄道弟的人，哪一天就成了你的竞争对手。而当这些关系发生转变的时候，你可能会因为你曾经无心说过的一句评价而付出代价。避免这种事的唯一方法，就是在说话时，时刻注意分寸。

03 认知对等

相互的理解，基于认知水平。在沟通的双方中，认知水平越接近，就越能正确理解对方传递的信息。所以说沟通的效率基于理解与认知，与其学一大堆所谓的沟通技巧，不如先努力提高自己的认知水平和理解能力。

许多人在沟通当中习惯于高度关注自己的感受，事实上很多人对整个世界和他人的认知都很有限，这跟学识和智商无关，是另一种“无知”。最糟糕的是意识不到自己的无知，而把沟通不畅的原因归咎于他人的不理解。

所谓的“同频”交流，就是沟通的双方对某一事物具有水平相当的认知。

第一，确保双方对同一件事物的认知水平是一致的，而若出现不了解的定义或概念，不要想当然，大可以提出来让对方给你解释，以消除认知不对等。

比如说一个经验丰富的自媒体人跟你聊知识经济，而你对知识经济的认知仅仅停留在传统的知识输出上，对方的认知则是互联网的知识变现，那么你们聊的根本不是同一件事，自然也无法达成共识。

第二，你不需要了解所有的事。如果和你沟通的人是一个值得信任的专业人士，那么大可以把专业的事情交给他去做，你只需要验收结果，而不需要了解他所用的理论技巧和方法。在这里最容易犯的错误就是，你明明不懂得对方的专业，却偏喜欢指手画脚，以此获得自身的存在感。这样反而让对方觉得束手束脚，无法开展工作。

2017 年的最后一个季度，从“改变趁现在——城市极速前进”开始，韬世的物料设计就用了一个霓虹灯的概念，最初我不是很懂这个概念，只是出于对设计团队的信任，就大胆地使用了这样的设计。在过后的一两个月里，我常常在国际大品牌的海报、广告以及一些电影的宣传等各种高大上的地方，看到霓虹灯效果的设计，这才发现我们设计团队的理念真的非常前沿。也幸好我没有对设计的过程指手画脚，任由设计团队自由发挥，使韬世在品牌视觉传达上所展现出来的东西，才一直不落俗套。

就像开头所说的，并不是几个人坐下来开个会，认真地开始一段谈话才叫沟通。其实我们在生活和工作中的时时刻刻，只要与他人发生联系，就是在沟通。只要把我上面所说的言行一致、分寸感、提高认知水平，真正地融入自己的言行里面，那就不需要刻意去设计每一次沟通的流程和方式，一切都是自然而然地发生。那么，高效沟通，就会变成一件很舒服的事情。

第五节

简单点，解答的方式简单点

还记得上学的时候是怎么解数学题的吗？要用老师教的方程式加上正确的解题过程，解出答案才能得分。很神奇的是，如果过程错误，答案正确，就只有一点点分或者不得分，但方程式如果写对了，哪怕答案没算出来，得分反而更高，用老师教的方法之外的方式算出的答案，往往不能算全对。如果不管过程如何，只要得出正确结果就能得分的话，我想我考数学的时候，大部分应用题都会写上解题过程略，然后给出正确答案。但如果真的这样做的话，可能我的数学基本上会不及格。

应试教育让人们不用标准的公式和步骤，就得不到高分。当然对于教育来说，这是有目的的，是让学生获得解题逻辑，一步一步循序渐进，将来才能够解更复杂的题目。但如果我们不是做数学研究，只是在普通的生活和工作中，就不适宜用这样的方式来解决问题了。当你知道答案是对的，运算的过程已经在脑子里面自动完成，何必非要表现出解题的过程，直接把答案拿去运用就好了呀。

人们很喜欢看方法论。比如怎么做读书笔记？怎么做菜？怎么解决家庭矛盾？怎么从一个地方去到另一个地方？最省力的方式，就是严格按照方法步骤，一步一步地做，标准化流程让思考变得简单，甚至不需要思考。但这些方法论看得太多，容易让人们懒于思考，遇到问题的时候往往忽略了最简单的解决路径。

没有一个老司机会在开车的时候还要背诵操作流程，熟练以后都是不用多想就一气呵成，如果开车前都要想一遍操作流程，那万一某个环节想不起来，难道就开不走车了吗？

看书也是如此，有的人看一本书一定要逐字逐句看完一整本才觉得是看过，做笔记一定要做得很详细，不漏掉每一个重点。这种学生时代认真学习的阅读方式当然没有错，但作为成年人解决现实问题来说，效率就太低了。

当我们遇到不了解的概念或者疑惑，想要通过阅读去找到答案，那么最高效的方式是带着问题去看书。一本书里能够有一个章节、一段文字，甚至某一句话，能够给你启发，让你对面临的问题豁然开朗，那就已经是超值了。你甚至不需要看完其他的部分，好好吃透启发你的那一句话，那么你从书中所获得的价值，可能比逐字逐句看完整本书还要大。

如果是小说、散文、诗歌之类的文学作品，就更不需要你以认真学习的状态去读，按照最舒服的节奏，随心所欲地看。能够体验到跌宕起伏的情节，饱满立体的人物，优美流畅的文字，以及作者融入文字中的情绪、精神和感触，那就已经足够了。

带着目的去看书，获得你当下最需要的东西，这才是阅读的真谛。

如果你想学一门专业之外的新技能，最有效率的方式，同样也是忽略标准化的方法、流程，寻找能够达到目的最简单的路径。比如你想要学一门外语，那么你的目的是考级、留学，还是旅游、看剧？你是想要做文字翻译，还是掌握日常会话就足矣？就拿学英语来说,如果你的目的只是想要看懂生肉美剧(没有中文字幕的美剧），以及和外国朋友顺畅的交流沟通，但你却用考雅思考托福的教材来学习，那么学习的过程会让你痛苦得只想放弃，就连最初的乐趣也会消失殆尽，事倍功半不说，反倒让你没了继续学习的动力。

有一次韬世全员组织射箭比赛，所有人都是门外汉，在开始比赛之前都跟着教练学习基本的动作，要领。我呢，在听完教练说重点之后，试了几次就能上手，准头还挺高，而大部分同事还在一点一点地抠动作细节。他们说我有天赋，其实我只不过是没他们想得那么多而已。我的目的很简单，就是能够在马上要进行的比赛中拿到更高分数。我并没有打算要成为专业的射箭运动员，这对我来说只是一个游戏，动作标不标准其实无所谓，只要能够击中靶心就好，反正我又不参加奥运会。

果然在接下来的比赛中，我轻松拿到了高分，同时从本来不是特别感兴趣的事情中，找到了信心和乐趣。将来我有更多时间的话，也许会考虑认真地学一学，说不定退休以后，能参加个中老年组业余公开赛什么的。而费了半天劲努力把动作做标准的一些同事，因为反复调节动作细节的误差，射出去的箭准头很差，玩了半天都没有成就感，觉得射箭没什么意思，估计以后也不会再来玩儿了。

如果我是射箭馆的教练，面对第一次尝试的准客户，我一定不会过多要求他们的动作标准，而会先让他们尽量地多射中靶心，然后告诉他们：你很棒，很有天分，很适合玩射箭。给他们足够的成就感和信心，培养起他们的兴趣，等他们决定要开始认真学习了，再慢慢纠正动作也不迟。嗯，可惜我不开射箭馆，这是题外话。

很多时候。人们沉迷于寻求“完美的方法”，反倒忘记了如何简单直接地抵达目标。其实很多事并不像看上去的那么难，只是过程太过烦琐，让它显得很难。怎样才能让过程变得简单呢?

首先当然是要转换思维。在做任何事情、寻找任何问题的答案时，始终要记得你的目标到底是什么，不要被表面的解题过程所迷惑，所谓完美的解题过程，不见得都是最有效的，能够尽可能避开障碍，最快抵达目的地的捷径，往往不在导航给出的漂亮路线图里面。

其次是善用工具。科技和信息发展得如此迅速，机器、大数据、云计算、云存储……有太多颠覆性的工具可以为我们所用。可能你会觉得用习惯的方式和熟练的套路来处理问题会更加得心应手，但是这些现代化的工具，从长远来看，可以为我们节省更多的时间。非常可惜的是，在我们的行业中有太多顽固分子连“搜索”这种已经不算新鲜的工具都不会用。

在这个信息大爆炸的时代，几乎所有的资讯都可以在互联网上找到。寻找的方式也很简单，只需要打开谷歌或百度，输入几个关键词，铺天盖地的信息就会摆在你的面前。你需要花成本去学习的，只是提取关键词和筛选信息。

我常常遇到这样的情况，某个律师要出差，去一个陌生城市，他不了解那里的气候交通，以及餐饮情况。扯着嗓子在办公室里面到处问：谁知道某某地方现在天气如何？我该多穿点还是少穿点儿？甚至在律师群里询问目标城市的朋友，花了整整一个下午的时间，终于大概知道应该带什么样的衣服。然而所有的这一切，在搜索引擎上只需要五分钟就可以搞定。如果说咨询朋友是为了拉关系促进感情，那么你何不用这一下午的时间，好好地给朋友挑选一件礼物?这样岂不是更加用心和真诚。

直指目标的思维方式更高效，但却是有点反人性的。因为人都有惰性，这种惰性更多时候，不是表现在懒于动手，而是表现在懒于思考。思考一个更有效的解题方式，是比照着已有的解题方式一步一步操作更辛苦的事情，选择看起来更容易的路来走，是人的本能。

按照已有的标准化流程，一步一步地操作，最后得出一个标准化的结果——这个过程正在被一种东西取代，那就是人工智能。越是标准化的、机械的操作流程，越是容易被人工智能和机器所取代，而打破常规的思考与创新，正是人类智慧区别于人工智能的最大优势。

能够直接找到最优解法的问题，就不需要非得用公式，因为我们的目的是得到答案、解决问题，而不在于过程是否正确和完美。

第六节
给你一家律所，你会怎么管?

业界一直在讨论律所企业化管理的话题，理论很多，从各个角度全方位论证了其意义和必要性，但是由于律所的组织形式和结构与其他行业的公司、企业概念差异很大，导致理论与落地实践不同步，所以大家都还在探索，很少有具体可行的方法论。

自从创立韬世律师事务所以来，我一直在想方设法，一边跳出律师的身份去寻找一种行之有效的管理方式，一边又要结合律师行业的特性来探索一种适合律所的管理改革。

01 管理者的多元角色

说到改革，很多人认为要从制度开始改起，但其实最先需要改的，是作为律所管理者的观念和思维方式。每一个律师事务所的创始人，在成为管理者之前首先都是优秀的律师，难免会将律师的一些固有思维带入到管理当中。然而作为律师的经验，对管理一个团队几乎没有任何价值。

律师原本就像是一个单打独斗的剑客。说到剑客，就想到西门吹雪、独孤求败，都是武功高强，业务能力极强，却曲高和寡，不像楚留香、陆小凤这样人见人爱花见花开。就个体而言，他们的确达到了登峰造极的境界。然而剑客是没有团队的，他们可以作为一个配合者，完美地完成计划中属于自己的那部分任务，却无法去领导和统筹整个团队的任务规划。对他们来说，绝对的实力就是一切，只要能一招制敌，就不需要制订多么周密烦琐的计划。在尊崇个人实力的武林中，他们也有相当大的号召力和影响力，总有一群迷弟迷妹心甘情愿听从他们的派遣，其他的大多是因为打不过他们，所以不得不服从他们。可是在现代，业务能力已经不是唯一的评判标准。一个业务水平一般但领导力超强的人，反而比业务超强但不懂领导艺术的高手，更能够带领一个团队走向胜利。

所以说，从一个优秀的律师转变成一个卓越的律所主任，首先要做的就是放下曾经作为律师的思维定式，树立最基本的团队 leader 的概念，从而建立起企业管理者的思维体系。

一个合格的老板，必然同时是合格的销售员、产品经理、市场调研员、演说家、培训师、心理咨询师、理财师……作为律所管理者，也应该具备多元化的思维模式，上面所述的这一大堆身份，你不需要全部都精通，但至少要有所认知。

人人都可以是产品经理，律师以及他们能够给客户提供的服务，就是律所的产品，你要能够以一个产品经理的思维，去考虑如何让你的律师们更好地满足客户的需求，如何让客户选择你的产品。

你要拥有相当程度的说服力，让律师们相信你的决策是正确的，让大家朝着同一个目标努力。电影和电视剧里，每次要开战之前，总会有一个将军来做一番战前动员演讲，目的就在于，让士兵们忘记恐惧、忘记乡愁、忘记软弱，心中只有胜利的信念，这样，整个军队才能像一支利剑，勇往直前所向披靡。

作为管理者，你可以不必精通每一个岗位的工作职能，但你必须要会判断每一个岗位的事情做得怎么样，每个环节是否在正常地运行，有没有生锈的地方需要打磨，是不是需要上一点润滑油。就像那些美食家，他们不见得会做菜，但是他们一定吃得出菜的好坏。

人们通常有这样的一个观念，一线业务员是最辛苦的，等升职到了管理层就会变得轻松，但事情恰恰相反，往往是位置越高，要操心的事情也就越多。一个管理者不仅仅是要运筹帷幄发号施令，也不仅仅是要制定战略拍板决策，实际上最让管理者操心的并不是那些高大上的事情，而是更加琐碎、更加纠结、更加实际、更加细枝末节的东西。

表面上看是管理两个字，里面还藏着两个字是“服务”。管理学里有句话是这么说的：你如何对待你的员工，你的员工就会如何对待你的客户。要想员工把客户服务好，就要先把员工服务好。律所管理者要做的事情，不是监督律师们有没有认真做事，不是对他们的工作方式指指点点吹毛求疵，而是要找到阻碍他们充分发挥实力的问题所在，然后想办法帮他们解决。管理者要做激励者而不是监督者，帮助团队的每个成员找到更强劲持久的动力，是管理者的责任之一。

02 为人才做好服务

我记得在知乎上面看到过一句话是这样说的：资本碾压一切，技术横扫千军，人才决定生死。在律所管理的话题里面，我们先不聊资本和技术，来聊聊人才。

前面说过律师就是律所的产品，律所这家公司最关键的产品就是人才，产品是业务链的第一环，没有优质的产品，再高明的销售技巧也提升不了公司的业绩。那么，你的公司要出售什么样的产品，这取决于你希望在客户的心目中，你的公司是什么形象，你的品牌是什么气质。就像一说到苹果就会想到简洁的设计、流畅的性能、优秀的交互体验，以及昂贵的价格。这就是一个品牌的气质，而气质背后是一个团队的性格。

从一开始打造团队时就要考虑，你希望这个团队将来是什么样的性格。每个管理者都不希望自己带领的团队是一盘散沙，是层次不齐的口碑和乱七八糟的做事风格。如果你已经有了一个还不错的核心团队，你当然不希望新加入的成员把原本的团队弄得鸡飞狗跳、人心涣散。那么你在招人的时候，除了考察业务能力外，还要看他是否能跟你的团队同频，他是否认可团队的价值观，是否可以很好地融入团队。从长远来看，一个同频但业务能力尚有提升空间的人，远远比一个业务能力超强但跟你的团队气质完全不符的人，这样的人更适合加入你的团队。人才进入律所之后，接下来需要考虑的就是怎么样最大程度地发挥他的能力。

人在专注的时候做事情是最有效率的，所以要专岗专职，分工明确。一家律所不仅仅只有律师就够了，律所的部门构成不需要像一般的企业那样繁杂精细，但仍然至少需要财务、人事、行政、运营等基本的功能岗位。想要团队整体产出更大的价值，那就必须分工明确，让每一个岗位的人，专心做好自己应该做的事。

我见过有的律所把行政当保洁，把人事当助理，做的人不开心觉得做了不该自己做的工作，没有体现出自己应有的价值，事情自然也做不到极致。还有的律所没有专门的行政人员，是由律师来兼任行政和后勤，让新人律师去做端茶倒水洗杯子甚至购买卫生纸之类的工作。更有甚者，随口招呼，碰见谁有空就叫谁去做，每次叫的人都不一样，简直男默女泪。

律师的工作本身就比较复杂，需要很高的专注度，所以管理者就要在其他的方面做减法，把他们的工作流程和环境变得尽量简单。最好的方式，就是提供专业的行政支援，专人、专岗、专职是尊重和重视每一个岗位的专业人员，也是尊重专业本身。

03 做人要正，做事要奇

我们常听说这一句话：低调做人，高调做事。我对这句话的理解是：做人要正，做事要奇。做人要正，是指一个人的性格、价值观、为人处事的方式要尽量保持稳定，不可太过飘忽难以琢磨；而做事要奇，不是说让你去做莫名其妙天马行空的事情，而是做一些就算在别人看来莫名其妙，但你自己却知道为什么要做的事情。这是在掌握了规律的前提下，用新奇的方式来达到目的，底层逻辑是稳定的，只是表达和呈现的方式不断在创新。

当你观察互联网行业一段时间之后，就会发现一个事实——当某种互联网产品的营销手段在律师行业被大量的讨论并被争相使用的时候，就意味着这种打法已经过时了。在这方面，律师行业可以说非常滞后。只要把互联网行业还没有过时的、已经被验证有效的打法拿来运用，对于律师行业来说就是奇。

三年前，韬世做了一些让别的律所看不懂的事情，比如拍了一部完全不展现律师和律所特征的宣传片。当时人们觉得韬世不务正业，拍这种片子有什么用？但是在三年后，终于有人开始看懂了，于是模仿着做同样的事，而此时韬世正在做的事情，他们又看不懂了。

于是，“新锐”成了韬世律师事务所的一个重要标签。我们的运营和设计团队，从一开始吸纳和借鉴其他行业已经验证有效并且广为流传的招式，到现在常常拿出比其他行业更为前端的运营方案，让韬世可以心安理得地把“新锐”这两个字贴在自己身上。

想要一直保持新锐，就要对前端行业和领域的动态保持高度敏感，放下律师行业的一些固执和局限，放开眼界去了解一些可能在律师行业看来并不正统的思想，去理解那些思想背后的逻辑，从而改进做事的方式。

要注意的是，做事要奇并不等于瞎折腾，如果连自己都没有搞懂内在的逻辑，纯粹是为了博眼球而去做，那不叫奇，叫 no zuo no die。你的奇不在于你有多特立独行，而在于你知不知道自己在做什么，对你长远的目标而言有什么意义，敢不敢不看别人的眼光去做自己觉得正确的事情。

怎么才叫作搞懂了？

首先要看，你有没有 get 到一套运营招式的底层逻辑。别的行业为什么这么做？能为品牌和销量带来什么价值？不能只看表面的现象，要找到内在的联系，这跟见识有关，而这种跨行业的见识往往就是要“不务正业”才能够获得。不务正业什么意思？说白了，就是跨界嘛。

再来就是要看你有没有 get 到自己的行业的特性。各行各业都有不同的特征和发展路径，原样照搬别的行业的打法，不做任何修改调整，多半要扑街。

谁都听过“建设有中国特色的社会主义”这一句话，它换任何主语都适用。任何新鲜招式要拿来用，请记得给它加上一个前提，叫作符合律师行业特色。

同时你还需要 get 的，是在律师行业当中自己律所的特点、优势和差异。不同规模、不同领域，乃至不同地域、不同市场，行业动态都有很大的差别，同样的方法别人用的好而你用不好，也是由于不考虑自身在大环境中的位置和特点，盲目照搬别人的方式所导致的。

最后还要看你是否 get 到自己的团队。你的个人喜好不一定符合团队气质，要让团队认可和支持你的奇思妙想，就需要充分地互相理解和信任，才不至于孤掌难鸣。

04 负重前行

正经话就说到这里，下面说点闲的。

我在建立韬世之初就立志要做一个好 leader，真正做起来，才知道其中的艰辛。2017 年一整年，我常常经历这样的时刻：到了下班时间，同事们陆续离开办公室，灯光一盏一盏熄灭，只剩我办公室的灯还亮着，一整天的忙碌喧嚣，在这一刻沉默下来，只有纯粹的安静陪着我。

没错，我就是韬世律师事务所加班最多的那个人，同事们常常开玩笑地呼吁要“关爱留守老板”。每每看到这样的调侃，我的心里都五味杂陈，一方面，若不是处在这个位置，就没办法体会到“留守”两个字背后的无奈；另一方面，又觉得欣慰，大家能注意到我留守了，哪怕不能为我分担什么，用轻松的方式表达的关心我都收到了。

作为 leader，很多事情是没有办法分担出去的，很多压力只能自己消化。一个开公司的朋友曾跟我说过心里话——员工再苦再难，大不了辞职不干，一笑而过炒掉老板；而老板看似意气风发，背后却空无一人，所有苦和累都只有自己扛。在那些一个人深夜留守办公室的日子里，无数次地体会到这句话里面所蕴含的除了辛苦，更多的是坚持和信念。

不想当将军的士兵不是好士兵，不想当律所主任的律师……是聪明的律师！如果说选择做律师是选择一条不好走的路，那么选择开一家律所做的一个主任，简直就是在这条本就艰辛的路上撒几箱钉子，倒几桶玻璃弹珠，布置若干陷阱，栽满一路荆棘，总之就是挖个大坑给自己跳，坑里还插着朝上的尖刀。所以说，我偶尔也劝别人，千万不要一时想不开跑去开律所。

从一名优秀的律师到一名卓越的律所管理者，需要从观念和意识形态开始，彻底颠覆固有的思维方式，彻底改变熟悉的行为模式，这个过程其实很反人性。

经历过的人，会懂得我在说什么。

第七节
不作就不会死
——毁掉团队的六大利器

作为律所主任的这些年，比起当律师的时候，对团队管理投入了更多关注，也通过结识其他行业的管理者学到了许多。虽说律所和一般公司的管理有很大差别，但道理是相通的，一般公司管理者会有的毛病，在律所管理者中也存在乃至更甚。下面列举了团队管理者常见的几种“作”，以此为镜，自省自查，在打造优秀团队之前，先让自己成为合格的管理者。

01 “能省则省”

最近看到一个词叫“乞丐心态”，意思是说被贫穷伤害过，打心底里认为花钱是罪恶的，只有不断地节省和积蓄才能获得安全感的一种心理状态。

花钱分为两种，一种是消费，另一种是投资。消费就是消耗资产用来改善和享受生活，是一种私人行为；投资是一种经济行为，是让花出去的钱，带来更多收益。很多中小公司的老板并没有搞清楚，在公司里为团队以及团队成员所花的钱，是属于消费还是投资。勤俭节约是中华民族的传统美德，你个人的消费观是勤俭节约，那无可厚非，但是你在管理团队的投资行为中奉行能省则省的原则，那就别怪员工在背后说你抠门儿。

本来资金就不充裕的情况下，能省则省可以称为开源节流，但带着乞丐心态的节省则是一种习惯性贫穷，尽管其实已经很富裕了，还是习惯性地节省以求安心，这与传统美德中的勤俭不是一回事儿。习惯性贫穷是一种扭曲的金钱观，而且有这种心态的人往往不自知，在旁人看来就是守财奴的样子，守着万贯家财却一毛不拔。这样难免会让人怀疑，你作为老板，是否会用别的手段压榨员工劳动力，克扣他们应得的报酬。最糟糕的是，很多时候这并不是误解。

其实为团队所花的每一分钱，都是投资，包括让团队成员享受工作。为团队创造更好的工作环境，让人们在心情舒畅的状况下，投入到繁忙的工作中。配备专业、稳定的设备，就等于直接提高生产力。制作设计精美有质感的办公物料，就是让团队在日常工作中潜移默化地产生品牌意识和团队文化认同感。这些都是不能省的地方，应该在资金允许的范围内尽可能地提高标准。

我曾在朋友圈看到一个律师的吐槽，说办公室里几十个人共用一台老旧的碎纸机，律师们每天产生的废弃纸张都只能在那一台碎纸机上操作，每次都要排队使用，碎纸机还常常出故障。于是他们的律师都练成了人工碎纸的技能，办公室里常常听到此起彼伏“刺啦刺啦”的撕纸声。那画面太美，我不敢想象。

对于律所来说，直接跟客户接触的律师们就是律所的门面，如果因为舍不得投资，任由邋遢破败的办公环境和廉价劣质的物料丢了律师们的脸，那就别怪客户和同行，把你划到不入流的行列中。

02 “你不会，我就手把手地教”

有不少老板深刻地认识和接受了“授人以鱼，不如授之以渔”的道理，于是只要有员工表现出有工作不会做，老板就立刻亲自上阵，手把手一步一步地教员工做，并以自己的亲和与耐心为荣，常常把自己感动得一塌糊涂。然而比“授之以渔”更好的方式，是启之以逻辑。

授之以渔是教会别人打鱼的方法，当别人要去捕鸟的时候，这套方法就不管用了；而启之以逻辑是启发别人学会独立思考，遇到问题应该怎样入手去分析，自己找到解决方法。等他们出于自己的思考解决了很多问题的时候，一方面培养了主动性，另一方面，自己总结出来的方法也能让他们得到更快的成长。再说了，每件事都要手把手亲自教，你不累啊？

有一次我所的一位律师在群里发消息问“有谁能帮忙做个 PPT”，他的助理秒回了三个字“我不会”。好吧，我也不会，那难道要我先去学会了，再来手把手地教他吗？

两天后的内部培训中，我以此为例对团队说：遇到任何需求，都不要想都不想就说“我不会”，你不需要什么都会，但是你需要动脑子去想可以用什么方式来解决这个需求。比如做 PPT 这件事儿，你可以先问清楚具体要求是什么，什么时候要。如果要得不急，而正好你也想多学一门技能，那你可以尝试自己学着做；如果要得急，你可以求助会做的同事，或者外包出去。朋友圈里总有人会的，大不了你付钱买别人的劳动，再不行还有万能的淘宝。要达到某一个目的有很多路径可以选择，只要你去想、去尝试，就一定能找到一条走得通的路。

最后，这位律师的 PPT 顺利完成，而那名律师助理也没有学会做 PPT，但从那以后他再也没有说过“我不会”这三个字。

你以为手把手地教人做事就是耐心负责，就是为他们着想，但你要知道，可以复制的做事步骤已经能由机器代劳了，把他们培养成只会照本宣科而不会独立思考的机器，真的是为他们好吗？

请给他们自己探索的空间，你的责任是启发他们主动思考和勇敢尝试，你要做土壤，让他们野蛮生长。

03 “所有人都是我就好了”

西游记大家都看过，取经远征队伍里有唐僧、孙悟空、猪八戒、沙和尚，还有一匹白龙马。

这 5 个成员性格迥异，擅长的技能各不相同，实力也参差不齐。他们常常吵架闹矛盾，吵得严重时还差点拆伙，最后他们还是作为一个密不可分的团队，到达西天取到了经。

设想一下，如果这次远征队里有 4 个唐僧和一个变成马的唐僧，他们还能取到经吗？只怕路程还没有走到 1/10，就团灭了。

我有个朋友是一家互联网运营公司的小老板，带着不到 10 个人的团队。有一天他来找我聊天说小公司留人太困难了，员工一波一波地来，又一波一波地走，差不多每过半年，团队成员就整个换了一遍。团队永远都在适应和磨合，永远都要培训什么都不懂的新人，而新手还没有磨合成老手，就又走了。这到底是怎么回事？

聊过一阵子之后,我发现他最大的问题在于总是希望员工们都以他为标杆,向他看齐。他加班的时候，员工就不能准点下班；他状态好、效率高的时候，员工也必须状态好效率高；他每天工作饱和，员工也要每天八小时饱和。他总希望员工们做出来的方案，能跟他心目中所想的一模一样。

我准备好好地开导他一番，我说，“你不可能把每个人都变成你……”，下半句还没有说出口，他立刻接上说“要是能这样就太好了”，噎得我生生地把下半句没说完的话吞回了肚子里。其实我想说的是“你不可能把每个人都变成你，那样的话团队死得更快”。

虽说带领团队是需要一点自大，但是这位哥老倌未免自大得太过盲目了。要知道，再牛的人也是需要团队来支撑的，而优秀的团队是各有所长，互相弥补不足，互相打辅助。一个真正牛的老板，是能够把比自己牛的人，吸纳到团队中来。而比这种牛还要牛的老板，是能够发现员工最擅长的领域，把他放在正确的位置上，激发出他最大的潜力，让他在你的团队中，成长为在他的领域比你更牛的人。

如果一个老板觉得自己就是全公司最牛的人,每一个员工都应该虚心好学,唱着“长大后我就成了你”，把你当作他们进步的榜样，那我只能说：该你光杆司令留不住人。

04 “你应该猜得到我想要什么”

记得以前去人民公园的百年老茶馆喝盖碗儿茶的时候，听到了老人说过一些关于茶语的故事。

过去茶馆是跑江湖的汉子们歇脚的地方，八方来往的江湖人士都要在茶馆停留一番，休息的同时，也顺便打听一些江湖消息。南来北往的人多了，茶馆就变成一个信息流通的地方。那时候不像现在，做业务的见人坐下来就走上去发一张名片，做个自我介绍，让别人知道自己是干什么的，如果有需求可以直接找他。那时候的江湖，虽然有专门给人跑腿传话的，有专门收集小道消息卖给有需要的人的，有靠一身武艺混口饭吃的打手和保镖，还有暴力催款团队。但是在鱼龙混杂的茶馆，你很难看出来谁是干什么的，加上江湖人好面子，有求于人的时候也不好意思挨个去问“你是干啥的”。久而久之，人们就开发出一套大家公认的茶语系统，通过盖碗茶的盖子摆放的位置和方向来传达信息：我需要什么帮助或服务，我要找做什么的人。通过这套茶语，可以让提供服务的人迅速而准确地定位到准用户。

这种含蓄而隐晦的表达方式，俨然是我们中华传统文化中的一个重要元素。就像是一套众所周知的密码系统，不需要把话说得那么直白，就能传递信息。

茶语里蕴含着江湖人的智慧和默契，高效沟通的关键之一，就是要确保信息清晰明确地传达给接收方，尽可能地不要有遗漏和产生歧义。

可是现在总有一些老板喜欢用意念传达信息。说话只说半截，剩下的让员工自己去猜，猜中了皆大欢喜，猜不中就是员工脑子不灵光转不过弯。甚至有老板在员工提出信息传达不明确的问题后，说出“跟我这么久了，这点默契都没有”的话来。试问这位老板，要是员工跟你汇报工作的时候，也只说半截，剩下的让你自己用“默契”去推理，你会不会着急上火？少看网上那些诸如“月入 5 万元的助理是怎么读懂老板的”之类的洗脑文章，更别把这些文章转发给你的团队，好不容易招来的人才是用来创造价值的，不是用来当你肚子里的蛔虫的。

越小的团队，越不该出现信息不对称的状况，小公司能赢大公司的优势，就在于信息传递的通道短、速度快，任何信息都能够无障碍传达，并迅速得到响应。意识到信息通道存在严重冗余问题的大公司，都在尝试组织架构扁平化改革，小公司的小老板们却热衷于制造“层级”来阻碍信息流通，是不是傻?

如果你总觉得员工们不能理解你想表达的意思，总觉得别人都傻乎乎地非要你说清楚才能懂，那说明是你的表达出了问题，不能怪别人理解不到位。

05 “不许怀孕”

这两年职场女性的事业、家庭两难处境越来越受到关注，《边走边谭》第40期的嘉宾就是一名因为怀孕而被老板无故开除的职场准妈妈。在录节目的时候，我没忍住情绪小小地发了个飙，痛斥了一番无良老板。

那些公司和企业为何对孕妇讳莫如深?

其实所有的矛盾都是利益问题。毕竟创业开公司就是为了赚钱，老板们都想少付出一些成本，少承担一些风险，多获得一些收益。追求利益最大化本身并没有什么不对，然而利益分为长期的和短期的。就拿企业和员工的关系来说，企业给员工提供平台和资源，员工付出劳动为企业创造价值，本应是互相支撑、互惠共赢的利益共同体。就像一段感情关系，双方的付出要基本持平，共同承担来自外界的风险，才能够长久。对于企业，尤其是对于小型初创公司来说，女员工突然怀孕的确会造成一时的损失，有的公司把这当作一种“风险”来规避。但是这个世界上，有谁开公司能保证零风险？是个人都会有不稳定因素，找个对象结婚生孩子都存在“风险”，公司用人更是理所应当要面对和承担这些状况。

做好风控是公司的事情，如果几个孕妇就能把公司拖垮，那是公司本身经营不善，跟员工怀孕一点关系也没有，就算公司里一个女员工都没有，也会因为其他的原因做垮。再说了，我国法律本来就对孕妇作出了特殊保护，如果你依法给员工办理了相应的社保，员工怀孕的薪资成本自然不必完全由公司来承担。

然而很多企业仍然视之为洪水猛兽，从而选择从源头上避免这种可能性——干脆不招适龄女性，或者以各种方式要求女员工几年内不得怀孕。这样做的公司多了，就形成了所谓的“职场歧视”。

职场对女性真的很不友好。单身的，公司会担心你突然谈恋爱影响工作；有男朋友的，公司会担心你突然要结婚影响工作；结婚了的，公司会担心你突然怀孕影响工作；有孩子的，公司会担心你还会想要二胎影响工作；二胎都有了不打算再生的，公司又会担心你要准点下班回家照顾孩子影响工作。就好像谈恋爱、结婚、生孩子，都是女人的事儿，男人就不会因此而影响工作一样。

这很不公平，现在的女性在这种不公平的压力下，正在变得越来越强大，越来越独立。此消彼长之下，男性群体正在逐渐势弱。长此以往，那些把女性员工，当作风险来规避掉的老板们，迟早会输给曾经讳莫如深的“风险”。

情商高的老板会怎么做呢?

我们来看一个范例：

一个年轻的女员工在进入一家公司三个多月的时候,发现自己突然怀孕了，她第一时间告知公司的人事部门，并考虑到自己入职不久还没给公司带来什么价值，不该让公司为自己的意外支付成本，于是提出辞职。而这家公司的老板因此认为她诚信、有担当、不隐瞒问题，这样的品质比业务能力强更重要。于是这位老板，驳回了她的辞职信，按照规章制度给了她足够的产假和工资保障，还发给她一个大红包，说她为公司带来了福气。而这名女员工呢，在生完孩子之后很快就投入工作中，并且勤勉上进，发挥出巨大的潜力，没多久成为公司不可或缺的业务骨干之一，为公司创造的价值远远超过产假期间公司付出的成本。

的确，世界上大多数的矛盾都是利益问题。而想要实现利益最大化，需要的是透过现象看到真正价值所在的敏锐眼光，以及不计较眼前得失的战略思维。

公司和员工，有时候真的就像谈恋爱，不同的是，当你把一个员工从“现任”变成“前任”的时候，其他的“现任”都在旁观整个过程。当你想要用损招来避免所谓“损失”的时候，请记住这句俗话：公司怎么对待员工，员工就会怎么对待工作。

06 “外面的月亮比较圆”

因为喜欢玩游戏，我认识了一个做游戏程序员的小 Y。小 Y 一直以来的目标是转型做游戏策划，也因此一边在写代码的间隙积极了解整个游戏开发的流程，一边自学了许多游戏策划的相关知识。爱学习爱思考的小 Y 常常能看出自己所在公司的流程和管理漏洞，也偶尔向老板提出自己的看法和建议。按理说这样主动成长的员工绝对是公司的一大财富，但小 Y 在公司里却始终郁郁不得志。

有一次小 Y 做了一份详尽的报告，指出美术团队和程序团队的对接方式有问题，导致每款游戏的上线时间都反复拖延，并提出一种他自己看书学到的更先进有效的项目跟进和沟通模式。那份报告石沉大海不说，还让老板觉得这人太自不量力，作为一个小小的程序员居然对自己的管理方式指手画脚。

然而半年之后，那个老板不知道从哪里重金请来一位“大神”，给全体员工做培训，培训的内容就是半年前小 Y 曾提过的那套流程管理模式。这次老板的态度与之前截然不同，把那位“大神”吹得天上有地上无，把“大神”说的每一句话当成座右铭一般供在头顶，哪怕“大神”并不是游戏行业出身，也完全没有依照游戏行业的特性来设计流程，只是照搬书本而已。

类似的事情在小 Y 就职期间层出不穷，不管是谁，只要是自己人提的建议，这位老板就全盘否定，而外界所谓“大神”讲的东西，就奉为经典。后来，理所当然的，小 Y 被另一家更大的游戏公司挖走，如愿以偿地获得施展才能的空间和机会。再后来，有想法有才能的员工陆续离开那家公司，剩下的都是但求稳定不思进取的“职场老油条”。

过去都用“外国的月亮比较圆”来讽刺国人崇洋媚外的心态，如今国家已经强大起来，“媚外”心态却仍有残余，只是这个“外”不仅仅是指外国，而是所有“自家地里种的萝卜就是没有别人家的好”都统称为“媚外”。

对于公司来说，老板有“媚外”心态有几个弊端，一是打击团队内部积极发挥主观能动性的士气，士气是一个团队有没有活力、能不能百分之百发挥战斗力的重要因素，尤其是对于需要创造性思维的行业来说，拥有持续的士气往往比一时的结果更重要。二是压缩了真正的人才成长进步的空间，甘愿苟且的混子型员工咱们另说，有理想有抱负的人才到你这里工作，要的无非就是与能力相匹配的收入和有奋斗价值的上升空间，对这样的人不但不该无视他们的主动思考，更应该付出成本去培养和扶持，别再看着别人地里的萝卜流口水了，就该让好萝卜从自己地里长出来。三是让公司很难形成自己的核心文化和性格，没有完美的企业文化，只有大家都坚信并且持续执行的企业文化，“大神”那么多，要是每来一个“大神”就换一套新的流程，就会搞得团队总是处于动荡的管理模式中，总是在频繁改革还不如不要改革。

以上六则，引以为戒。

第八节

闪闪发光的人做什么都是对的

这样的情况，有没有发现一件事？有的人明明没有什么大不了的缺点，可你就是不喜欢他，一旦他稍微做出一点让你觉得不那么舒服的行为时，你会完全无法容忍。还有的人，明明毛病缺点一大堆，但是有一个你特别喜欢的优点，比如唱歌特别好听，于是你对他的包容度就特别大。明星就是这样，出过优秀作品，拥有粉丝基础的明星，出了再大的负面消息，什么醉驾吸毒出轨，当热度过去之后还是能够回到市场，还是有很多粉丝不计前嫌地喜欢着他们。

是不是拥有光环，就做什么都是对的，错了也更容易被原谅？

美国心理学家桑代克在20世纪20年代提出了一个理论——晕轮效应，也叫光环效应，这是一种偏误的认知倾向。人们对别人的认知和判断，尤其是对不熟悉的人，都是由第一次了解的特点开始形成认知。人们对一个人的整体印象，往往收到初始特点的影响，如果初始特点是好的，就会扩散出积极正面的光晕，让人高估这个人的其他品质。反之，如果人们认识一个人的初始特点是坏的，那么消极否定的光环会扩散到这个人的全部，哪怕是与前一种人有一样的语言和行为，都会更容易让人做出负面的评价。

晕轮效应本身没有对错，只不过是在客观地陈述一种现象，这种现象会欺骗人，却也能成就人。

有光环的人做什么都对。有光环的人即使错了，也更容易被原谅。没有谁不想成为这样的人吧?

光环是少数人天生自带的吗?

过去人们认可短板理论，即一个木桶能装多少水，取决于最短的木板。而现在人们似乎更倾向于认可长板理论，即一个木桶最长的木板，决定了这个桶将来有可能装多少水，长板越长，上限越高，就代表着潜力越大。这两种理论的差别在于，短板理论倾向于补短，强调修复和补足弱项，好让整体变得平衡、均匀；长板理论更倾向于扬长，集中打造某个独特的优势，通过突出优势来拉高分数。

我们从小所受到的教育，把大部分人都塑造成了只有平均值，没有突出亮点的人，要想从平均当中突围，就要找到自己的优势所在，最大化地把它发挥出来，让它成为自己最闪光的亮点。

塑造优势的前提是找到天赋。其实每个人都拥有与众不同的天赋，找到这个天赋，才有机会把它转化为突出优势。

什么是天赋呢?

其实天赋并不像人们通常以为的那么稀罕，天赋不仅仅是指在某一个领域领悟力特别强，学习某项技能掌握得特别快，仿佛天生不用费力就能学会，天生不用努力就能做好一些事情。天赋常常藏在一些习以为常的小角落里，很容易被忽略。天赋对每个人都是公平的，没有好坏之分。

总能注意到细枝末节是天赋，总能把握到全局走向也是天赋。

总能在鸡蛋里挑出骨头是天赋，总能在糟糕的事情中发现乐观积极的一面，同样也是天赋。

总是冷静淡定、处事不惊，情绪稳定不容易波动，是一种天赋；总是特别容易感动、情感丰富，容易感受到他人的情绪变化，这也是一种天赋。

要找到自己的天赋，其实很容易，多注意日常生活和工作的那些“总能”“总是”。在遇到相似情况的时候，你总是会反复产生的体验和情绪，总是会自然而然做出的反应，这些容易被忽略的、不起眼的小事情，都有可能是你的天赋所在。一旦意识到这样的天赋，并且刻意去开发和运用，就有机会形成我们独一无二的优势。

不必去羡慕那些天才，更不要觉得自己这也没天分那也没天分，只能庸庸碌碌平淡一生。我确信每个人都拥有可能连自己都没有察觉的巨大的潜力，只要意识到你的天赋所在，相对于打造个人突出优势，就已经成功了一半。

什么是优势?

优势就是在某一个方向稳定持续输出价值、取得成果，这些价值和成果能够被别人看到并认可，这就意味着你在这个方向具备突出的能力。如果一个人对某个事物或某项技能非常有兴趣，掌握得也还算快，但却从未因此而给别人带来价值，没有取得被广泛认可的成果，那就不能说具备了这方面的优势。

比如说有人觉得自己很有音乐天赋，一首歌听两遍就会唱了，唱什么歌都不跑调，和朋友去 KTV 唱歌总能惊艳全场。但也仅限于此，他没有学任何乐器，没有经过专业的声乐培训，没有在更大、更专业的场合展示过，更没有出过自己的作品。那就可以说，他的音乐天赋是被浪费了的，没有为他带来任何的优势光环。

如果说天赋是在某个方面或领域天生就具备的潜力，那么优势，就是基于天赋而刻意锻炼出来的能力。

近几年流行的观点说，选择比努力重要，在错误的方向上，付出再多的努力都是白费。其本质就在于，没有找到自己的天赋领域，而且在没有天赋的方向上努力，那么，投入再多也比不过那些有天赋的人。

任何人只要投入时间和精力都可以学会知识和技能，只有天赋是每个人独有的，不能通过学习获得，只能通过练习来增强。天赋对于我们来说就像是能源基地，类似一座矿山或一片油田，在天赋所在的领域持续学习和磨炼，就会有源源不断的能量，为我们提供上升的动力。

同时，人在做天赋领域的事情时，更容易取得成绩，一直做擅长的事情，就会越来越擅长。每次取得成绩获得认可，就会正面刺激到内心驱动力的生长，从而把擅长的事情做得更好，形成一个不断上升的良性循环。若强迫自己做不擅长的事情，能量就会越来越衰竭，要么很快遇到天花板，止步不前，要么久久找不到出路，干脆放弃。

这就是所谓的强者越强，弱者越弱。仔细观察身边的人就可以发现，优秀的人总是越来越优秀。有人会说那是因为他们运气好，起点高，具备先天优势，于是那些运气不好，起点低的人就会认为自己永远也达不到那样的高度，自己给自己设限，画地为牢。所谓的能力固化，不是指无论如何努力都跳不出局限，而是指没有发现自己的天赋潜力，一直在错误的方向上做无用功，大部分平庸的人都是如此。不知有多少人类智慧的资源，就这样被白白浪费掉了，想想都心疼！

就个人而言，要多关注自己的内心感受和体验，找到自己总是能得出正确判断，以及总是能获得成就感的那些事情，重新梳理自己的能力版图，对比看看自己的天赋有没有被浪费。如果有就尽快调整自己的做事方法和方向，向天赋领域靠拢。

对于团队，就需要分析和梳理每一个团队成员的天赋领域，即便是向来表现平平的人，也一定有他特别的天赋。找到他的天赋，把他放在能够发挥优势的位置，让他做更擅长的事情，对他的成果和进步予以关注、鼓励。很快我们就会发现，其实团队里的每一个人，都很优秀。

最后，说回光环效应。所谓的光环，其实就是这个人的天赋所转化成的优势实在是很突出，人们在接触他的第一时刻就能看到、感受到。我们在看电影，尤其是看英雄电影的时候会发现，主角总是有光环的。

主角做什么都是对的。

主角犯错更容易被原谅。

主角的运气特别好。

主角总是有贵人相助。

主角总是能战胜反派。

主角总是能活到最后。

主角总是能获得女主角的青睐。

主角就算落魄，也总会有崛起的那一天。

总之有了主角光环，无论做什么都能够取得好结果。

我们每一个人，都有机会拥有主角光环。找到自己的天赋，把它塑造成优势，反复通过这个优势取得成绩，让这些成绩成为别人认识你时第一个了解到的东西。于是你在别人眼中。就是一个闪闪发光的人。

闪闪发光的人做什么都是对的。

第九节
领导力觉醒
——几个走心的小建议

刘强东1998年在中关村创立了京东，那时他带领的是一个不到10人的小团队，到了2015年，京东的员工数量突破10万人。刘强东在一场演讲中说过："所有的失败，都是人的失败。如果有一天京东失败了，那不是市场的原因，不是竞争对手的原因，也不是投资人的原因，一定是我们的团队出了问题。而在团队这 100% 的责任中，一定有 99% 是我造成的。"

所有探讨管理团队的话题，归结到本源上都是关于人的话题，团队是否强大，最关键的就在于管理者领导得好不好。没有人天生就会当领导，事情做得好不一定就能管得好，执行和管理是两个层面的事情。

我带团队的时间不算很久，自创立韬世律师事务所到现在，仅4年而已。律所是种很特殊的团队形式，很多管理学的理论和方法并不能直接拿来套用，我仍在不断探索，有的问题至今也还没有找到满意的答案。所以我还不敢说自己是多么权威资深的管理者，只能说在开发个人的领导力方面小有心得。

如果说带团队是管理人，那么，开发领导力就是管理自己的心。

01 边界

先说一个老掉牙的故事：一群刺猬在山洞里，天气非常冷，于是刺猬们互相靠近，想要取暖。但它们发现靠得太近的话，身上的刺会扎到其他刺猬，其他刺猬的刺也会扎到自己，于是它们又相互隔得远远的。过了一会儿，又觉得实在是冷得受不了，再次靠近挤在一起，反反复复试了好几次，刺猬们终于找到一个合适的距离，既不会扎到彼此，又能够互相取暖。

人与人之间最合适的距离，就是能够互相温暖，而又不彼此伤害，这个距离就是边界。每个人的心理边界都不一样，有的人喜欢近一点，有的人喜欢远一点，唯有保持一个合理的临界值，才能让别人舒服，自己也舒服。

做领导尤其要调整好自己的边界临界值，太高了难以亲近，太低了总是退让，都不好。你不可能让别人都喜欢你，同样要忍受怎么样做都有人会讨厌你。别人讨厌你的理由有很多，无须一一弄清楚，也不必想着要改变他人，更不要因此轻易改变自己的边界限。你只需要团结好认同你的，尊重中立的，接纳反对你的，你自己若不动如山，又何须管他清风徐来还是疾风骤雨。

由人构成的群体永远是处于流动中的，团队也是如此，总有人因为各种机缘来到你身边，也总有人因为各种原因离你而去，每个人都有自己的境遇和选择，只要你做到了一个合格的领导应该做的，就尊重他们的选择，不必责怪别人，更不要太过自责。

带领团队，还是需要一些自大和固执的。当你发现团队由于对你缺乏尊重而不服从你的时候，就需要考虑一下：在管理中你是否太软弱太好说话？你有没有坚持不可妥协的底线和原则？你有没有以身作则履行定好的制度，并一视同仁地用制度来规范团队，不管他们喜欢还是讨厌，至少保证工作可以顺利进行？

在边界中说的“自大”和“固执”，实则指的是“稳定”，你希望团队通过磨合能够尽快适应你的边界，就必须尽可能地让自己处于稳定的状态，别左右摇摆、飘忽不定。

02 格局

没当领导的时候常常觉得憋屈，做什么都有人管着，又不能当面反对，只能私下骂骂咧咧抱怨解恨；当了领导以后你会发现其实更憋屈，很多时候事情出了问题，不能轻易把责任推出去，不能责怪团队以免影响士气，不能跟合作伙伴翻脸以免项目搁置，更不能骂骂咧咧发泄情绪，只能怨自己考虑不周全、安排不妥当、管理不给力。

所谓的格局，就是要在种种憋屈中把胸怀撑大，从而能容得下团队和伙伴对你的指责与抱怨，耐得住外界肆意揣测你的流言蜚语和事情进展不顺利时的无力和委屈。

在从执行者的身份转移到管理者的过程中，一定会有一个像陀螺一样连轴转的阶段，在这个阶段，既要做自己的业务，又要带新人，还要管理团队。你可能会累到虚脱忙到崩溃，甚至有可能在内心产生一丝动摇，不知道自己承受这些到底是图个啥。这个阶段是很危险的，如果在这段时间里，你不能够处理自己的负面情绪，而是把压力和焦虑转嫁到团队当中，那崩溃的可就不止你一个人了。

撑过这个阶段，至少会有两个受益终身的收获，一是时间管理的能力被磨炼出来，工作效能变得更高，也更加自律；二是开始学会从更高的视角纵览全局，以更理性的方式看待自己和他人的感性情绪，而格局就是这样一步步得到扩大和提升的。

03 修复

当我们把所有的时间和精力都放在如何打造优秀团队的时候，通常正是我们最亏欠家人的时候。所有的正能量和耐心都在工作中消耗殆尽，回到家还给家人的是一个疲惫、焦躁的自己，这跟我们的初衷相悖。当初决定要拼尽全力拥有自己的事业，不正是为了给家人更好的生活吗？

所以必须找到修复自己的方法。可以下班后在办公室多坐一会儿，为一天的工作进展做个梳理，在理清头绪的过程中消化掉积攒了一天的负能量，在离开办公室的瞬间把所有工作上的烦恼都褪下来留在工作场所。可以在上楼之前熄了火在车里静坐一会儿，听听音乐发发呆，准备好把那个温暖阳光的自己送到家人跟前。

你没必要把所有的时间都和团队绑定在一起，而且别人也需要有自己的生活和私人空间。饭要一口一口吃，路要一步一步走，很多事情着急也没用，不管你的事业做得成功还是失败，要记得家庭永远会是你最坚固最温暖的后盾，要是这个后盾出现裂缝，事业做得再好钱赚得再多也修复不回来。

所以再忙也要留出充分的时间陪伴家人，周末该休息就休息，能全家出去玩就尽情去玩，和家人一起度过的幸福时光，同样也是对自己最好的修复。

在成为一名好领导的路上，你也许会遇到很多挫折和伤害，你可能会变得功利、市侩、精于算计，你可能会在绕了许多弯路之后发现自己居然变成了曾经最讨厌的样子。但请你相信一个人的本性不是那么容易改变的，你所经历的一切都是你成为理想中的自己所必经的过程，你在这个过程中所获得的一切都是有意义的。

当你心中充满怀疑和不安的时候，记得问问自己：我是否有所收获？我是否正朝着期待的方向前进？在闯过这一关以后，我是否会感到欣慰和快乐？

如果这些都还不足以让你从焦灼中走出来，那么请重复在开始建立团队的时候你对自己的承诺——我要做一个合格的领导者。

Chapter 4

第四章

我的幸福哲学

第一节

读书是为了心平气和地跟无知的人说话，而健身是为了让无知的人心平气和地跟你说话

曾在刚开通微博问答的时候回答过一个问题：怎么兼顾律师工作和健身，保持良好身材？其实这也是我一直想跟律师朋友们分享的事情，现在趁此机会借几页篇幅来聊聊好了。

01

先讲讲我为什么要健身？其实一直以来我都在运动，以球类为主，进健身房撸铁实属偶尔的偶尔。直到蹦妈（我太太）怀着蹦宝（我女儿）的时候，吃喝都是极度营养的，尤其是每天跑不了的炖汤，秉承不浪费的原则，她吃不完的或者吃腻的，都由我解决掉。所以，到蹦宝快出生的时候，我的体重已经快到了 110 公斤。朋友看着我绷着的衬衣纽扣与凸显的双下巴，用了两个字形容我：油腻。

于是，我决定进健身房减肥，还掏钱请了私教，制订了一套严格执行的计划，一周 4 次以上，每次两小时，前后各半小时的有氧运动，中间 1 小时的器

械；另外，控制饮食，最大限度地减少糖和盐的摄入。就这样坚持到快 3 个月的时候，体重降到了 94 公斤。 或许你觉得这个体重还是恐怖，那别忘了，我身高近 190 公分，所以，知足了。

02

健身的精髓在于“坚持”，那我就简单说下“如何坚持”。

不知道你有没有发现，“坚持”算是各种鸡汤文或正能量话语中出现频率很高的一个词，但事实上，“坚持”是个令人潜意识极度不适的词，因为凡事一旦要沾上“坚持”，就意味着你当下的阶段、状态和处境并非最佳，甚至需要“坚持”的这件事会让你觉得痛苦。

我之前在我的公号推文里推荐过一本书，叫《万万没想到》，里面提到了真正的进步是在介于“舒适区”（我们擅长且熟练的技能范围）与“恐慌区”（我们几乎不可能掌握的技能范围）之间的“学习区”去“刻意学习”（用正确的方法反复练习）。

坚持健身的要义就是“反复”，直到它变成“习惯”，在反复的过程中你身体各项指标的变化也会加速习惯的形成；同时，对变化存在期待，你便已经开始把“坚持”的痛苦感大大降低了，甚至，已经开始走到另一个极端，那就是感知到“快乐”。

当然，运动就会产生内啡肽和多巴胺，这些脑垂体分泌的物质能使人部分消除疲劳感、疼痛感，尤其是多巴胺，本质就是“一个大写的快乐”。

03

话转回来，别以为脑垂体分泌物带来的内在快乐就足够了，No、No、No，别忘了，健身的“反复练习”是非常之枯燥的。所以，还可以采取一些辅助行为来对抗枯燥带来的“疲惫感受”“消极意识”，甚至是“逃离暗示”。

首先，你得选一家位置便利（不管选择哪种交通方式，你的工作地点或家庭地点到健身房的单程耗费时间不要超过半小时）、环境还不错（干净明亮是第一位的，各类运动器械配置做到尽可能完备，最好还有更衣室和浴室）、会员人数适中（会员少了没人气，健身房就存在盈利风险，有可能导致你的年卡还没到期，健身房就关门了；会员多了也很烦，你难道想排队使用运动器材？加上很多健身房的通风效果不好，人一多，里面的空气质量就别提了，你还做什么有氧？）的健身房。

然后，就是在经济条件基本允许的情况下，一定要请私教！稍微解释一下为什么一定要请私教。

第一，不管是出于什么原因（除去责任心和专业性外，很大一部分私教是希望你尽可能快地消耗完已购课程以便再次消费。这点我理解，毕竟谁都要养家糊口），私教会督促你去健身房，甚至是催促你。

第二，毕竟大多数私教都是专业的，在专业的指导下，你的健身效果会比较好。别觉得私教没用，自个儿点开手机在那里照着 APP 视频瞎练，动作不规范不标准，从健身房直接进病房的例子又不是没有。

第三，边练边跟私教聊会儿，前面说的枯燥感会大大降低，时间也会过得快点，要是运气足够好，遇到一个有趣的私教，你的“快乐”感知会翻倍。

第四，你付给私教的课时费里有一部分是包括兼职摄影的费用，拿手机给你拍几张录几段，甭管是为了记录你身体的变化，还是为了发微博、发朋友圈，这个也算是值回票价了，当然，遇到一个会拍的私教也是需要运气的，遇不到的就只能学我了，手把手教私教拍照。

接下来就是装备，我奉行“工欲善其事必先利其器”这个信条，所以我也算是装备党了。其他装备不多提，基本上去那几个运动品牌都有专区，在这里只是特别提醒你买副蓝牙运动耳机。

别太在意音质，也别用手机原装耳机，以确保耳机在运动中不会被拽掉。至于运动时听什么，根据个人喜好，反正音乐播放 APP 里都有场景分类，实在口味怪的，也可以像我一样听有声读物。

04

说了这么多，似乎没有解答，怎么去兼顾律师工作和健身，保持良好身材的问题。

我认为，律师工作与健身根本不用“兼顾”，健身本身就是你工作的一部分。律师是需要终身学习的职业，看书就是学习的重要组成部分，所以不存在律师工作与看书怎么去兼顾的问题。

所以，律师工作和健身不是并列关系，而是包含与被包含的关系。拥有好的身体才能迎接更好的工作，这就是“健身—健康—工作”这样一个逻辑，即健身服务于工作。

有人说：“要么健身，要么读书，身体和灵魂，必须有一个在路上。”

还有人说：“读书是为了心平气和地跟无知的人说话，而健身是为了让无知的人心平气和地跟你说话。”

以上两说，对律师工作极为重要。愿大家健康生活，快乐工作！

第二节

我突然成了他们眼中那个“叛逆”的人

有段时间我去学骑重机车，引来了一片反对之声，有人说我上有老下有小，学什么小年轻玩叛逆？还有人说我脑子抽了，放着安稳的日子不过，突发奇想要去学那种没啥用又危险的东西。

我：……

学重机不等于要去疯狂飙车，也不等于要去浪迹天涯，更不等于轻视生命。

就像我有同事在学吉他，并不等于要去酒吧驻唱；有朋友在学烘培，并不等于要开蛋糕店。只是因为喜欢，想要去体验这个小爱好带来的乐趣，对原本的生活和责任没有任何影响，只会让人在做喜欢的事情所获得的愉悦中，汲取继续前进的能量。

其实我学重机也并非突发奇想，从很小的时候起，就有这个梦想，但是一直被各种更重要的事情压着，没有机会去实现。就像一颗刚刚诞生就被深埋在土里的种子，有的种子久了不发芽就腐烂消失了，有的种子却越埋越坚硬，硌得心口疼，一有机会就破土而出。

于我而言，学重机这样不被理解的梦想，就是那颗时间越久越硌人的种子。

在新疆出差的时候，我常常独自行走在天地间，目之所及皆是苍黄大漠和湛蓝天穹。当世界简单到只有两种颜色，心里的纷繁杂念就像被隔绝在另一个平行空间，剩下的就是最纯粹坚定的信念，以及身为渺小人类对天地的敬畏。

在这样的环境里，很容易陷入彻底放空后的思考中，思考人为何而生，将去往何处，走过漫漫长路又将带着什么抵达终点……人的一生，最重要的到底是什么？

然而时间太短，我还没有真的想明白。这时才有点懂了为什么那么多人心心念念要来一次说走就走的旅行，生命已经被那么多东西填满，旅行的意义就在于暂时放空，争取一点时间和空间好好和自己聊聊。

在新疆大漠看夕阳的时候，除了感叹自身的渺小，更深刻体会到“孤独”，是啊，许多人终其一生都在渴求被人理解，到最后却连自己都弄不懂自己。

“活得通透”，说起来容易，却真难做到。

这是个信息爆炸的时代，我们没有任何理由蜷缩在墙里面不往外看。两年前我开始尝试跨界的时候，很多人说我不务正业，如今越来越多的人认可我的理念，并开始效仿我的路径。

当所有人都不理解的时候，人是很容易动摇的。所谓通透，就是不管别人怎么说，都保持独立思考，知道自己在做什么、要做什么，以及将去往哪里。

记得看到过一篇马云的采访，其中有一点我很认同。他说，十年前他很关心全世界，结果他的日子过得非常艰难；五年前他很关心中国的命运，他也过得很艰难；三年前他开始只关心公司，他的日子开始好起来；现在他只关心自己，越来越好。

能被理解当然很好，但不被理解也绝不是放弃努力的借口。每个成年人都应该拥有在质疑声中坚持自我的力量，只要你坚信自己在做对的事情，那就挺住了别倒下，用行动和结果告诉他们：我对得起自己，也担得起责任。

最后，无论是大人还是孩子，被信任、被理解都会让世界看起来美好很多，愿我们在渴望他人理解自己的时候，也尽可能地去理解他人。

毕竟有很多所谓的“叛逆”原本就不是真的“叛逆”，而是“你不曾了解的本心”被过度解读的产物。

那么，我可以继续学重机车了吗？

第三节
自我认知的三条线

通常人们对自己的评估都是有偏误的，要么低估自己，不敢轻易尝试有难度的事情；要么高估自己，常常承诺一些根本做不到的事情。低估自己的人通常显得不自信、缺乏勇气，严重一点就会给人以逃避责任、没担当的印象；高估自己的人常常自认为很自信，其实在旁人看来则是自负，听不进任何意见。

人只要在不断地做事就不可能一直顺遂，遇到挫败是好事情，跟取得成就一样好。获得认可使人有信心，受到质疑则让人反省，一轮肯定一轮否定交叉着接受，能够让人看清楚自己的位置，既不会过度自信觉得自己做什么都可以成功，又不会过于悲观觉得自己做什么都不行。

当人能够清楚地知道自己的三条线在哪里的时候，才称得上成熟。

第一条线是红色警戒线，红线以外都是不可为之事，即以自己目前的能力（包括时间、精力）是绝对做不到的事情。这个“绝对”也不那么绝对，拼了老命还是有机会做到，但是要付出的代价太大，机会成本太高。因此最好的选择就是放弃，如果你真的非常想做这件事情，就先记下来，有意识地提高自己完成这件事所需要的能力，创造需要的条件，等时机成熟的时候再去做。

于我而言，目前的红色警戒线就是极限运动，一不小心就作死的那种。我是惜命的人，我的家庭需要我健健康康地好好活着，太过刺激的事情，再喜欢我也不会去做。等我女儿长大了，我也不需要再像现在这样拼事业的时候，也许我会去做一些挑战极限的运动，具体是什么，留给那个时候的我去决定吧。

第二条线是绿色安全线，顾名思义，安全线内都是安全区，你知道这条线以内的事情都是你可以轻松做到的。这样的事情可能会相当多，所以要注意取舍，选择真正重要的、对你的最终目标有帮助的事情来做，而且要以能够达到的最高效率去完成。很多本来在安全区以内的事情，拖久了就跑到危险区去了，这会让你在做一些完全在能力范围之内的事情都感觉压力很大、很吃力，这样一来别人和你自己都难免会质疑你的能力，一旦陷入恶性循环，要再重塑正确的自我认知就很困难了。

日常的律师业务就是我的安全区，无论什么时候、什么地点，只要业务来了就能马上投入状态，这是我多年专注本职工作积累下来的，某种程度上甚至已经成为本能。

第三条线是黄色潜力线，安全区内的事情并不能体现一个人的真正实力，因为人的潜力是逼出来的，很多事情若以安全区内的能力为标准来看，可能很难做到，但是如果有个外界推力来推上一把，往往就会激发出超出日常水准的潜力。这种激发多来几次，你会发现潜力线上升了，意味着能力提升、安全区扩大，可以做好更多、更有难度的事情。试着给自己制定一些超出绿色安全线的目标，逼自己去完成，成功了就再挑战新高度；失败了也不坏，至少试探出了自己的潜力线大概在哪里，降低一点期待值再来一次就好。

跨界的很多事情就在黄线范围里面，比如现在正在写的这本书。在立下出书的 flag 之前，我是没有详细规划的，下笔写的时候也只有大体概念，只知道要把它写出来，没想过能写到什么层次。在边写公众号边考虑这本书的内容的过程中，才慢慢找到了舒服的姿势。如果当初不立那个 flag，可能还要过上好几年才会考虑写书的事情。

其实自我认知最好的状态并不是非常准确、毫不偏颇，而是比真实水平稍微高估那么一点点，比如说你的真实水平是 70 分，你可以认为自己至少能做到 85 分，稍微用力点就可以做到 90 分。一方面增加挑战更高难度的勇气，另一方面遇到困难的时候有个“以我的能力可以搞定”的信念。

看到这里不用我说你也应该明白了，只要前进的方式正确，过去的红色警戒线也有机会变成黄色潜力线，再多努力一下把它变成绿色安全线，然后标定新的黄线和红线。不断重复这个过程，提升实力就像打怪升级一样轻松有趣。

第四节

被撑大的胸怀

好莱坞著名导演克里斯托弗·诺兰曾说："作为一个电影人，你要知道，无论事情看起来多么积极，你总会看到不好的评论，你总会注意到某些人喜欢的正是某些人讨厌的，所以你不能采取相应的措施。我觉得只要去做你相信的事就好。"

在听到别人中伤我的言辞之后，我会很生气。那种愤怒通常夹杂着少许委屈，以及"我要证明给你看"的不服气。也许我是一个有点傲娇的人，胸怀本来就没有特别宽广，脾气还不太好，嘴巴也有点毒。这让我在生气的某个下午变成话痨，必须不断跟人聊天来缓解情绪，聊什么都可以，在聊天间隙随机插入相关的吐槽和抱怨，也会撂几句并不会真的去实施的狠话。

经历过一个感觉很糟糕的下午，晚上回家打会儿游戏陪会儿女儿，第二天满血复工，丝毫看不出那些中伤给我带来什么影响。小情绪很快会过去，你会明白总有人中伤你，大多数人是出于找存在感，真正对你有恶意的其实很少，想通这一点就会减少很多烦恼。

朋友说我复原力真好，哦，原来这个叫"复原力"。百度了一下，原来复原力不是什么新鲜的名词——

复原力（resiliency）是指个体面对逆境、创伤、悲剧、威胁或其他重大压力的良好适应过程，也就是对困难经历的反弹能力。它的基本特征有三点：

（1）接受并战胜现实的能力；

（2）在危机时刻寻找生活的真谛的能力；

（3）随机应变想出解决办法的能力。

如此看来，我确实是有那么一些复原力的。然而这份复原力并不是与生俱来的，而是在多年来不断的打击中磨炼出来的。

中学时代读沈从文的《边城》，有句话我一直记得，是爷爷对翠翠说的："不许哭，做一个大人，不管有什么事都不许哭，要硬扎一点，结实一点，方配活到这块土地上。"从那之后，"硬扎一点，结实一点"，就成了我感觉心灵受到暴击时用来激励自己的鸡汤。

小时候有父母的保护，可以任性、弱小，读书时有象牙塔的荫庇，可以血气方刚，刚入行有前辈开路，可以冒失、跌跌撞撞。但从羽翼初长成可以独当一面的那一刻起，所有外界的依靠全部变成自己的肩膀和胸膛，只能迅速变得硬扎、结实起来。更别说如今手握着整个律所几十号人的方向盘，那绝对不是驾驭的快感，而是责任的重量。那足以让你成为另一个人，一个坚定、厚重、包容，跟过去的自己完全不在同一个层面的全新的人。

在胸怀被撑大、形成复原力的过程中，并不仅仅只有自己的心态在起作用。

第一，得有"人"。前面说过，在闹小情绪的时候我会变成话痨，话要有人听才痨得下去，听的人要足够靠谱才能内部消化掉负能量不外传。最理想的就是倾听关怀者、疏导鼓励者、同仇敌忾者都在场，那简直是完美组合，战斗力爆表，复原就在一瞬间。

这样的组合一直在身边，就这一点来说我的确很幸运。

第二，要有独立的、稳定的、进步的对事物的看法，也就是价值观。这需要成长过程中建立起来的看待事物、看待自己与事物间的关系、看待自己与他人的关系的一整套方式体系，这套体系既要坚固又要有韧性，既要独立又要开放，既要传承又要迭代。

其实你正在读的这篇文章，包括这整本书，都是在谈这件事。

第三，长这么大，总有点小爱好。你所热爱的东西，哪怕并没有什么功利性的价值，只要你在和它们相处的时候能够感到快乐，那就是你获得力量的源头。

我常说做事情目的性不要太强，否则会失去沉浸的体验和纯粹的乐趣，因为我们的时间和精力已经分配了太多给所谓“有意义”的事情，比如事业、名望、金钱。可回过头想想，我们努力去挣得这一切的初衷，不就是为了可以尽情去做那些无意义却能让我们快乐的事情吗？人们总喜欢在迷茫焦虑的时候，追问人生的意义，却忘了那些“无意义”所带来的没有压力的投入体验，才是我们努力的意义。

所谓的复原力，就是在面对压力的时候，重新恢复最本真的状态，获取继续前进的力量的能力。当你觉得一堆糟心事压得你喘不过气的时候，大可不必装出一副云淡风轻的样子，去找朋友聊聊天，放下工作玩一玩许久没玩的吉他、滑板、模型、机车，然后想想什么对你来说才是真正重要的，你会发现，你的胸怀已经可以海纳百川了。

第五节
在你什么都不想要的时候，一切都会如期而至

人在什么时候最痛苦？大概就是求而不得的时候吧。

我常说，做事情不要目的性太强，专注把眼前的事情做好，该来的自然会来，不该来的也强求不来。

我的微信名字叫“那安之”，意思是“那就这样吧”和“既来之则安之”的合体，这个名字多年来没有改过，以至于起初很多人以为我姓那，还有叫我“那律师”的，我也没有特意去纠正，现在基本上没人会误会了，加我微信的人都知道我是谁。

其实早些时候我的微博也叫那安之，后来运营团队要求我改成本名谭万潇，说是有利于在多平台形成统一的辨识度，我半推半就地从了，所幸微信相对微博来说公开度没有那么高，这才保留下来。每当我因为事情进展不顺利而焦虑的时候，打开微信看到“那安之”这三个字，发个朋友圈感慨一下，提醒自己不要忘记初衷，很快就能平静下来。而解决问题的思路就在平静之中跳出来向我招手，好像在说：嗨，我一直在这儿，你终于看见我了！

人总有太多的欲望，得到的总是比想要的少，越想要就越用力去争，却往往因为用力过度而损失了得到时的满足感，于是想要更多，循环往复，越走越

远，就忘记了最初想要的其实并不是这些。人生有许多迷茫、焦虑、纠结、痛苦就来于此。

如果平时就注重锻炼一些平常的心态，明白“命里有时终须有”，路走起来就会轻松许多。

接受孤独

生命从来不曾离开过孤独而独立存在。无论是我们出生、我们成长、我们相爱还是我们成功失败，直到最后的最后，孤独犹如影子一样存在于生命一隅。——加西亚·马尔克斯《百年孤独》

人生而孤独，哪怕身处闹市，哪怕亲友环绕，总有一些无法说与人知的情绪和想法，只能自己消化。孤独是了解自己的最好时机，请定期给自己一些独处的空间，跟内心深处的自己对话。

瑜伽里的冥想，佛教的禅定，包括心理学的催眠，其实都是在制造独处的环境，让人看到自己的内在，本质上都是“内观”。生活在这个世界上，每时每刻都在与万物发生关联，用内观看清楚自己，也就能更清楚地察觉自身和外物的连接方式，看清楚了，才知道该如何协调。

其实我并没有去修行禅定或者冥想，只是习惯于在做“无用之事”的时候同时进行“内观”，比如健身、看书、发呆、打游戏，外面在打游戏，里面在跟自己聊天。

重点不在于用什么具体的形式，而是在没有压力干扰的情况下，自然而然地在内心划出一个独处的圈圈，找个适合自己的方式，接受孤独。

保持幽默

时间可以吞噬一切，但它丝毫不能减少的是你伟大的思想，你的幽默，你的善良，还有你的勇气。——路易莎·梅·奥尔科《小妇人》

幽默是一项重要的能力，它并不总是先天的，或者可以说大多数时候是通过练习获得的。

走在路上踩到狗屎，说一声“哎哟我去，狗屎运，赶紧买彩票”，这是幽默。抱别人家的小孩尿在身上了，来一句“哟喂，童子尿，这孩子旺我”，这也是幽默。幽默就是把倒霉事、糟心事都变成好运加持的魔法，幽默就是在被人嘲笑前先自嘲来化解尴尬，幽默就是相信能量守恒定律总会在别处给你补偿。

再灰头土脸的时候也别忘了幽自己一默，懂得逗笑自己的人，也能逗笑幸运女神，跟一脸倒霉催的人相比，女神一定愿意跟爱笑的人在一起。

天真不易

好家庭的孩子多数是天真得离谱的。——亦舒《喜宝》

我们总在追求成长、成熟，不累吗？回想自己还是孩童的时候，天真单纯，无忧无虑，无丝竹之乱耳，无案牍之劳形，精力旺盛，对世界充满理想化的好奇。这样的状态自从步入多愁善感的青春期，就越来越少见了，总有各种各样的烦恼来膈应，我们就在不断解决新的烦心事中成熟起来，以为人生就是一个烦恼接着一个烦恼，再也回不去童年的快乐。

讲真，超累的。

开个长途车都要时不时停在服务站休息一会儿，打个盹再上路，避免疲劳驾驶容易出事故。人生也需要时不时停下来休息一下，放下一切烦心事，打球、健身、玩游戏，当做自己还是个孩子，找到最简单纯真的快乐。

偶尔让自己天真得像地主家的傻儿子也不错，反正一回到成人世界，你还是那个运筹帷幄的中年大叔，只是比那些从不天真的大叔们少了一些沧桑和风尘。

懂得伤感

人走茶凉伤感吗？不伤感！真正伤感的是：人走了，却把我的茶杯也骗走了。——王小波《王小波全集》

比伤感更伤感的事儿，是踩到香蕉皮滑到之后，脸还摔倒狗屎上；是跟男友劈腿，分手以后你发现他的劈腿对象是你的前任；是曾经与你并肩作战的人与你分道扬镳，还特意回头捅你一刀。

你会发现世事没有你想的那么无常，倒霉之后还会接着遇到更糟的状况，所以遇到坏事不要急着伤感，谁知道后面还有什么狗血剧情，不妨稍等一会儿，让续集演完。主角都是在被敌人暴揍到剩最后一口气，才绝地反弹上演逆转的。万一你只是个龙套，在第一重灾难面前就痛彻心扉，就太矫情了点，导演只会觉得你戏太多抢风头，早早让你收工领便当。

想做主角，就要懂得在不该哭的时候给我撑住了。

继续优雅

只要毫无野心，就是优雅。——三岛由纪夫《春雪》

做事情的目的性不要太强——这不是复制粘贴，重要的话总得多讲几遍。

当然也不是叫你真的“毫无野心”，只是把那个野心换成初心，坚定成赤子之心，放在脑袋最里面的位置，让它像呼吸一样自然而然。

人们常说的“吃相难看”，就是把野心放得太表面，总显出一副饿虎扑食状，出击动作是凶猛凌厉了，但猎物也容易受到惊吓跑得更快。逮不到猎物只啃了一嘴毛，依然饿得两眼冒绿光的样子，狼狈又可笑。

通往最高目标的路哪有什么两点之间直线最短，大都是曲折迂回的，没有哪条山路是直上直下的。与其要走那么远，不如优雅一点，闲庭信步，时而停下来看看风景喝喝茶，跟路人聊个天结个伴，从容抵达的样子比较潇洒。

第六节
“谭律师，给我推荐个必读书单呗”

自从我开始写公众号以来，就有很多朋友来找我推荐书单，好像能写点小文章就意味着超级爱看书。每次听到这种问题，我都很尴尬，你从哪儿看出我爱看书的？猜的？对嘛，你猜得很准，我确实很爱看书，阅读量也不算小。从第一款 kindle 发布到现在，我已经看坏了三台，不是摔坏不是折腾坏，是在无比爱惜的正常使用下，看坏。

但是你要问我一年的阅读量是多少，我肯定回答不出来，本来就反感把阅读量化的“伟大发明”，当然也不会刻意去数到底看了多少本书。阅读之于我，就像呼吸一样，谁会去计算自己每天吸进多少个氧分子，呼出多少二氧化碳？正因为不计算阅读量，所以也不去记书名，kindle 看书的时候是不显示书名的，因此基本上就大概记得正在读的那几本书——书名里的关键词。

让我给你推荐书单，这不是为难我嘛！

多读书当然有很大的好处，但好处绝不仅仅只有说话、写作的时候旁征博引。写作是记录思维的过程，一个问题如果自己都没想通，再多旁征博引都没有用。读书就是看看别人对你没想通的问题是怎么说的，了解不同背景的作者是从什么角度来观察同样的事物，更重要的是，发现还有很多你自己从没思考

过的问题。读书和写作一样，是让自己活得越来越通透的途径。

除了专业书和工具书，我日常阅读几乎不做笔记。对于一些很难专心看进去书的人来说，做笔记是有某种仪式感，拿出纸笔就是“接下来要专心看书了”的信号。而我不需要这种信号就能随时随地切换到专心阅读的状态（后面有文章专门谈快速切换状态的技能），所以我更需要的是随时随地就能开始阅读的便捷，做笔记显然不符合便捷的需求。

不做笔记记不住怎么办？阅读的目的有很多，沉浸、体验、涨知识、陶冶情操、精神享受、灵魂升华……我怎么都不会放进去的一项就是“记住”。记忆力分短期记忆和长期记忆，绝大多数人都没有那种过目不忘的短期记忆力，更别提过了很久还能瞬间想起来的长期记忆力，“超级经典但是忘记了的句子，超级精彩但是忘记了的情节，超级精妙但是忘记了的比喻，超级戳心但是忘记了的感悟……”这类情况超级正常。

可是，忘记了书上的原话是什么，又有什么关系？又没人会来考你背书。关键在于当你看到某个经典的句子时，是否能够理解背后的逻辑，如果理解了，就不需要背诵原文，你也可以用自己的话把它讲出来，这样得来的领悟才是自己的，谁也拿不走。

张三丰在教张无忌太极拳的时候，要的就是忘记招式，招式反而会阻碍拳意的圆融。张无忌花了几个时辰忘记招式，却在上场的瞬间就用出太极拳的精髓，我们在阅读上也要能达到这个境界才对。

至于书单，我建议，不要过多迷信各种“推荐”。我也有过迷信的时候，按照某某大神推荐必读书单买了一堆书，一年过去了，一大半都还没拆封，反倒是逛书店随手选的感兴趣的书，只要两晚上就看完了。

阅读应该是种愉悦的享受，而不是别人说你应该看，那你就硬逼着自己看，根本不管看不看得进去。所以书单应该由自己来决定，最近对什么主题感兴趣，需要了解哪方面的信息，就去找同类书籍的书评来看，或者直接去书店翻一翻，还可以看看 kindle 上的样章。确定一本书合不合口味有个很简单的方法，就是随便在某个位置翻开看 5~10 页大致看看，如果不能引起你对前面内容的好奇，也不能吸引你继续往后面看，那管他什么 ×× 推荐 ×× 必读，扔到一边赶紧换下一本，别浪费时间。

很扯的是，阅读居然也有鄙视链。看小众冷门的人鄙视看文学经典的人，看文学经典的人鄙视看名人传记的人，看名人传记的人鄙视看成功励志的人，所有阅读爱好者都鄙视看网络小说的人。这就催生了一个奇怪的阅读群体——为了炫耀而买书的。为了显得自己品味独特，或者思想深邃，或者勤奋上进，买一大堆彰显格调的书回家，拍完照发完朋友圈，就束之高阁了。那样的话，我到可以推荐一个好方法——代购原文书，北欧的、日本的、俄罗斯的，摆满一书架各种非母语原文书，随便翻开一本摆个 pose 拍个照发个圈，绝对稳稳站在鄙视链顶端。

谁真敢这么做了，可千万别说认识我，要脸，谢谢！

最后，如果硬要我推荐个书单，我只能说，世界上的书那么多，看几辈子都看不完，弱水三千，选你喜欢的就好。

第七节
被它们偷走的时光，都是幸福的

看有用的书，学有用的知识，做有用的事，成为一个有用的人，让你的能力能为别人所用，这就是很多人努力的意义。

但是，你的人格和情感却是在无用的信息中慢慢塑造成形的，这于他人无用，于你自己而言却是将要如何度过这一生的基调。

大吉大利，晚上吃鸡

所谓“吃鸡”，其实是一个叫《绝地求生：大逃杀》的游戏，当你在一局游戏中击杀其他所有玩家获得第一的时候，就会出现一句话：“大吉大利，晚上吃鸡。”

这句话来源于美国电影《决胜 21 点》中的一句台词，原话是“winner winner chicken dinner”，翻译成中文就是“大吉大利，晚饭吃鸡”。过去在美国拉斯维加斯的赌场都有一种包含三块鸡肉和土豆蔬菜的饭，价值 $1.79，那时赢一次赌局的标准回馈是 $2.00，所以只要你赢了一局就够买一份鸡肉饭了。于是“吃鸡”就意味着“你赢了”。

游戏的基本规则很简单：游戏开始一群人（100 人左右），从飞机跳伞降落到一座孤岛上，获取资源、武器，进行躲避、偷袭、逃脱、对抗，随着可活动范围的不断缩小，玩家互相之间的战斗也会越发激烈，而最后存活的唯一一名玩家才能获得胜利。

听起来很简单粗暴，但这种纯粹且残酷的“大逃杀”美学，才正是这款游戏的魅力所在。玩过游戏的人，大都会对人类原始的生存欲望产生深刻的体会——当地盘越来越窄，竞争对手越来越强，要如何才能活下去？生存，是生命最基本的目标，也是物种进化和社会发展的初始动力，游戏将人类最原始的需求暴露出来，让人从游戏中体验人性。

在我看来，每一局游戏就好似一个平行世界，进行一局 20 分钟的游戏，就好比快速经历完一场生老病死，经历的次数多了，总会有些感悟。

01

跳伞降落在什么位置，是门学问，和投胎类似。好的落点要离资源近、有安全屏障，还得有开阔的视野，让你有充分的时间和空间为战斗做准备。但是一个地图上这样的地点并不多，谁都想抢占，所以有可能一落地就要马上展开厮杀，更有可能还没站稳就被先落地的玩家阴回老家。

于人生而言，这就是选择的策略，是选一条好走但人多拥挤的路，还是选难走但少有人跟你抢的路。其实不管选哪条路，都只是一个开头，开头的贫富并不能决定结局，你始终要坚信，只要活着就有改变命运的希望。

02

要想成功“吃鸡”，主要有两个大方向，一是干掉所有敌人，二是干掉干掉了所有敌人的那个人。前者是蛮勇之路，后者是权谋之术。

“连续击杀”很多时候只是游戏里短暂的一行字，可能会让你获得振臂欢呼的快感，但也要认识到，这就和真实社会一样，高速膨胀不代表能笑到最后，更有可能杀到最后却是在为他人做嫁衣。在游戏里，不到最后一刻，你永远无法知道自己是猎人还是猎物。

03

跑向终点的路上，总会有陌生人跑出来对你开冷枪，第一反应当然应该是趴下躲避，但敌人并不会因为你的退让就放你一条生路，别忘了抓住机会站起来还击。

一往无前看上去是很勇敢，但是以退为进又何尝不是一种智慧？危险来临时，避其锋芒，隐忍潜伏，伺机反击。这很考验人的决断力，什么时候出手最能打对方一个措手不及，万一犹豫着错过了最佳时机，是要束手待毙还是豁出去拼了。一念之差就是生死一线。

04

懂得分享的人会有好报，虽然这是个决出唯一胜者的游戏，但请你坚信团队的力量一定比独狼大。毕竟生存是第一要义，是 1 对 99 的存活率高，还是加入联盟胜率更大，答案显而易见。

在游戏中，只存在优势和劣势，没有绝对的力量碾压。在临近终点之前，只有确保了团队的优势，才能保证个人的生存和获胜的可能性。

05

天上是会掉馅饼的，但你很难判断馅饼背后是不是别人布置的夺命陷阱。在不知道有没有黄雀在后的情况下，你选择捡还是不捡？捡，有很大概率落入陷阱；不捡，缺少资源也不过是多苟活一时半刻。

游戏的目的是“生存”，支撑你冲上去的是“无论如何也要活下去”的执念，在现实的人生中，这种执念就好似你的“梦想”。你愿意为了“梦想”冒多大的风险？当面对不确定能不能实现的梦想时，你会为了安全而放弃冒险，还是愿赌上性命去搏一搏？

06

物资短缺的时候，也许只是一个急救包一瓶红牛，就能帮队友渡过难关，所以包里一定不能没有余粮。永远不要让自己陷入弹尽粮绝的境地，否则除了任人宰割，还会成为团队的累赘，这种命运不掌握在自己手里的不安感，其实跟团队有多稳固无关。

我不是在教你对团队有所保留，而是告诉你一个事实：成为团队的供应者，一定比做个拖油瓶更有快感。

从电子竞技的角度来讲，这款游戏的精神内核在于：一刻也不能松懈地博弈和操作，推进着每一个玩家的命运和团队的发展。你必须勤于尝试每一种战术，勇于承担每一个选择，敢于挑战每一场困境，在短短的 20 分钟里，如何做到当猎人的同时不成为别人的猎物，才有机会成为真英雄，吃上一口梦寐以求的鸡。

之所以对这个游戏入迷，也许就是因为它一定程度上映射出人生，人们能在游戏中发现自我经历的代入感。人生只有一次，而游戏却可以反复尝试、体验、修正，在兴奋刺激之后如何将这些体验去利用、去感悟、去转化成现实中真正的力量，才是玩游戏具有积极意义的一面吧。

新片上映，走起

熟悉我的朋友都知道，我超爱钢铁侠，办公室有好几个钢铁侠的手办，电脑桌面永远是钢铁侠。我也超爱漫威的电影，只要是漫威的新片上映，我一定会第一时间去看，仅仅是发布一个预告片，都足以让我兴奋得像个 1 米 9 的热血少年。

我为什么那么爱漫威的电影？

01 当然是有爱

银河护卫队的小浣熊和格鲁特就不说了，就连勇度这个看似暴躁的家伙，也一直以自己的方式保护着星爵。X战警里面的万磁王和X教授虽然相爱相杀一辈子，但其实两个人都是为了反抗人类暴政、保护变种人的生存。还有为了旧爱（口误），为了冬兵而与亲爱的钢铁侠打成一团的美国队长，每次拳头落在斯塔克的身上，他自己其实更加心痛。

02 五花八门的超级英雄

成为超级英雄的方式是多种多样的，钢铁侠用的是大量的金钱和科技，美队是为国捐献躯体被用以做超级士兵实验，浩克是接受了一次意外的伽马射线照射，蜘蛛侠则是因为被神奇的蜘蛛咬了一口——这种蜘蛛哪里有卖？我也想被咬一口。

03 要成为超级英雄不需要你以前就是英雄

在漫威的世界里，除了钢铁侠、雷神、星爵等有个牛逼的老爸之外，大多数英雄曾经都是普通人。美队在成为超级战士之前是一枚体弱多病的屌丝青年加美术生，蚁人是一个抢劫犯兼电子学专家，奇异博士是一名身残志坚的神经外科医学博士，蜘蛛侠是一枚普通高中生，星爵是一个整天嬉皮笑脸的快乐青年，而死侍则更是一个贱到萌的无厘头丑男子。

04 反派并非绝对的邪恶

万磁王的口号是“反抗人类暴政”，蜘蛛侠的新对手秃鹫只是为了养活全家，邪神洛基的所有行为只是为了让父亲能够更认可自己。而复仇者联盟2里的反派大Boss奥创之所以要毁灭人类，则是基于他被创造出来的原因“创造和平”所产生的推导结论——只有消灭人类，才能带来和平。

05 超多明星团体

漫威有许多超级明星团体，比如X战警、神奇四侠、妇联、银河护卫队、九头蛇，等等，这么多明星团体中，一定会有一个让你超级喜欢的。比如说我最喜欢的团体就是银河护卫队和九头蛇，因为银河护卫队是最有趣最有爱的团队，而九头蛇则是屡败屡战、越挫越勇的团队。

06 在梦想的世界里自由飞翔

漫威的世界每个人都有梦想。复仇者联盟的梦想是打击一切入侵者，银河护卫队的梦想则是赚更多佣金。死侍最大的梦想就是死掉，可即便能穿越次元壁的他也无法阻止编剧不让他死掉；夜魔侠作为一名律师，会在晚上化身夜魔伸张法律无法触及的正义。

07 相对于 DC，漫威更加光明

单独从电影来对比，DC 电影中的超级英雄们基本都迷失在阴暗的内心世界。DC 的两大巨头是超人和蝙蝠侠，系列出了那么多部，超人还是没能找到自己的人生目标，反倒更像一个被外界强加的责任束缚着的可怜人；而蝙蝠侠的故事基本都是阴暗面为主，虽然蝙蝠侠的打斗很刺激、很热血，但蝙蝠的人生始终没能逃出“父亲被别人杀了”的人生阴影。

而漫威的英雄们，不仅有丰富的性格、不同寻常的成长经历，最重要的是他们大多都摆脱了阴暗的过去。当美国队长从沉睡中醒来发现世界已经是 70 年之后时，他积极调整心态，尽力让自己融入现在而不是沉湎于过去；浩克虽然因为意外成了一个绿巨人，但他也没有因此自暴自弃，而是努力控制自己的情绪不让自己造成更大的破坏；蜘蛛侠的叔叔被人抢劫枪杀之后，他并没有报复这个世界，而是想通了“能力越大，责任越大”的道理。

总的来说，DC 电影一直都在不断地挖掘人性的阴暗面，而且越挖越深，许多片子讨论的主题都相当深沉，诺兰还拿了 3 部蝙蝠侠来展示人性。而漫威的电影更多时候是在打打闹闹嘻嘻哈哈，却在你笑着流泪的时候告诉你，其实很多美好的东西一直就在身边。

所有的感情，都在废话里

我是一个废话特别多的人。运营部的同事曾吐槽我每天发太多条朋友圈了，除了汇报工作行程、感谢来感谢去，还动不动来两句莫名其妙的感慨，而且非得配张内涵图，一点都不像个高冷的网红律师，搞得当初他们给我拟定的打造互联网人设方案根本就没法推进。

好吧，我道歉，但是，坚决不改。

先说人设，多年关注娱乐圈八卦早就让我明白一个道理——人设这个东西，立得越高崩得就越狠。如果费劲打造的人设并不是自己的本性，那么在大众关注的目光下迟早会有崩塌的一天，这不是概率，是必然。

再说高冷，这位同学，你是不是对律师有什么误解？律师根本不高冷，至少我认识的律师没几个能称得上“高冷”的，甚至有很多律师天性就是有趣可爱，但这一点都不影响他们在律师这条道路上昂首阔步。反倒是那些打着高冷、严肃“人设”的律师，实际上过得并不如表面看上去那样风光。

说回废话，在我这里，废话的范围比较广，所有在职业之外我深入了解的、一般了解的、半知半解的知识和资讯，所有来源于日常工作和生活的、只有目睹现场情况的人才懂、不懂的人完全不觉得好笑的梗，所有当下听着一时爽其实并没有实际意义、基本上都是抖机灵的脱口段子、出于当时爆发的小情绪的吐槽和安慰，都是废话。

为什么喜欢说废话？

因为所有功利性的、追求效率的语言，都对增进人与人之间的感情毫无帮助。对这一点我深有体会。

沟通的效率，都是针对于工作场景讲的。同事来交接工作，用最精练准确的语言讲清楚项目进度，你说好的收到，完毕，绝不多耽误一分钟大家处理工作的时间，多么高效，轻松又愉快。

下班后集体去聚餐吃火锅，如果还是这么精练精准，对话就会变成这样：

醋——好的，蒜——拿去，肉——这儿，味道尚可——附议，吃完回家——拜拜，完毕。尴尬不?

当你想要和一个人建立感情关系，爱情也好友情也好，你就要跟他多讲废话，不愿意跟人讲废话的原因只有——你不在意这个人，不在乎与这个人之间的关系。

我所的微信群里，大部分时候在沟通工作，发通知，但也时不时会毫无征兆地进入斗图时间，分分钟几百条消息，全是弱智兮兮的表情包和笑段子，以及毫无信息量的呵呵呵呵嘿嘿嘿嘿哈哈哈哈嗝。笑完了，也忘了为什么笑，但心情就是会变得很好，工作的紧张和疲惫感也不知不觉消失了。唯一能记住些许的是，××× 表情包库存丰富以后有需要就找他，××× 段子新鲜没听过要问问他都玩哪些平台，而同事之间的感情，就在这些毫无意义和效率的废话信息里变得亲近，工作时偶尔一个对视同时想起某个无聊的梗，一起露出你懂我也懂的坏笑，更显得默契十足。

所以说，在这个时间最贵、效率至上的社会里，肯花时间跟你说点废话的，都是在释放感情的信号。工作忙得要死还抽空发朋友圈段子 + 内涵图的，都是在说“我爱你们”，要是你看到了，千万别嫌弃，不妨停留一分钟，回复一句废话，让我知道你们也爱我，好不好啊?

游戏、电影、废话，是我生活中必不可少的“无用”信息，这些毫不功利的事情让我更爱这个世界、更享受生活。虽然我列出了一大堆需要它们的理由，你完全可以当作是我一本正经的胡说八道。其实无需为每一件无用的事情找个有意义的理由，喜欢就去做，快乐就值得。

毕竟我那么努力工作赚钱，就是为了心安理得地享受这些不赚钱的事情。

第八节

银河漫游指南

每天晚上入睡前你会想些什么?

有人喜欢先回顾一整天的言行，想想哪里还处理得不够好，在脑海里预设一个类似的场景，演练下次又遇到这种情况时该怎么说怎么做，简称复盘。更年轻一些的时候我也这么干过，尤其是吵架输了的时候，我会花很多时间来想“如果我这样骂回去肯定更有力更帅气”之类的。现在我不这样了，因为自从当了律师，我吵架越来越厉害，基本上不会输了。开玩笑的，我现在基本上不吵架了才是真的。

有人习惯在脑子里过一遍第二天要做的事情，仍然是预设场景模拟演练，确认流程细节的同时，想象一下自己把所有事情都完成得很完美的样子，给自己一个激励。我在上庭和演讲前会做这件事，但通常不是在睡觉前，因为模拟演练一方面需要在足够清醒的状态下进行，另一方面越做就会越清醒。睡前实在不适宜把自己弄得这么清醒。

有人睡前喜欢冥想，冥想的方法有好几个流派，效果大同小异，都是通过调节心理活动的节奏，让大脑皮层安静下来，自然而然地进入深度睡眠。冥想适合容易失眠焦虑的人群，我也见过不少通过冥想获得高质量深度睡眠的朋友，他们每次向我推荐这类方法时，都带着一种神秘的虔诚。我一直想选个流派来试试看的，但当我发现选择流派这件事反而让我变得更焦虑时，就果断放弃了冥想。

这个世界上的好东西太多，好方法也多得不得了，第一我不可能什么都抓在自己手里，第二不同的方法适合不同的人，第三并不是所有的思维和行为都能总结出“方法”的，有时候刻意总结的方法反而陷进了形式化的套，失去了原本的意义。所以我没有办法总结获得好睡眠的方法，只能尝试描述一个场景化的过程来说明在入睡前我想的是什么，姑且把它称为银河漫游指南。

这里的银河当然不是科幻电影《银河系漫游指南》里所说的那条银河，而是用“银河”来形容我睡前的脑内情景最为贴切。之所以这么说，是因为在这个时候，我通常不对思维做任何约束，不需要逻辑、因果、规则，任由思绪飘飞，我只稍微做一点引导，拨动思维朝感兴趣的方向偏移就够了。

第一个问题，我是谁?

每过一段时间。我都会重复地问自己这个问题，我是谁？这个问题并不难回答，我是谭万潇，“80 后”，身高 1 米 9，是个律师，嗯，也许是个最不像律师的律师。

20 多年前的一个夏天，精力旺盛的男孩子们都在户外嬉戏打闹，一个小男孩却充耳不闻，他的注意力都集中在电视上，那时电视台正在播放香港电视剧《壹号皇庭》，小男孩被电视剧里的角色深深吸引，他们西装笔挺一身正气，他们逻辑严密言语犀利。他们一针见血抓住对方漏洞的样子，他们处于劣势仍据理力争的样子，他们沉稳笃定掌控局面的样子，让小男孩在此后很长的一段

时间里都坚定不移地认为，那就是他长大以后想要成为的样子。

不知不觉，小男孩开始模仿那些让自己心驰神往的说话方式和动作表情，把从电视剧里看来的逻辑思辨代入到自己的生活当中。

第二年，小男孩和朋友们在少年宫玩耍的时候打碎了玻璃，被管理员揪到办公室批评教育，眼看就要被追究责任找家长，那一瞬间小男孩仿若电视剧里的主角上身，用严密的逻辑和犀利的口才，说服了管理员，最终被“无罪释放”，全身而退。对，这个小男孩就是我，那年我 8 岁。

小时候的我还没有想过“我是谁”这么深刻的问题，但内心里面却坚定地知道，我将要成为谁。这份坚定让我一路走到今天，未曾偏离。

偶尔也会想，如果我没有因为外面太热不想出去，就不会看到那部讲述律师的电视剧，也许就不会点燃我的律师魂。如果我没有成为一个律师，此时此刻我会在做什么?

我喜欢电影，但像我这种过于真实的性格，没有办法扮演其他人，只能做自己。

我喜欢音乐。但也仅限于喜欢听，水平嘛，最多也就在KTV跟同事PK一下的程度。

我喜欢科幻。假如当初我的物理老师再努力一点，让中学时期的我对物理多喜欢一点，说不定我还有机会去研究天体物理什么的。

现在想想，其实在我生命的每一个阶段，都出现过有很多可能改变人生轨迹的契机，让我成为律师之外别的什么。是我自己坚定地想要成为律师，所以在每一个岔路口，我都毫不犹豫地选择直行，不管两边的风景有多美、多迷人，我都不转弯。我之所以成为我，全都是我自己的选择，人生若重来一次，依然会是如此。

所以，我就是我，我还是我。

第二个问题，我要去哪里?

人总是不断向前走的，自己如此，别人也是如此。在很久以前我就明白了这个道理——必须向前走，不能停。我仍然还在最初选择的路上走着，不同的是，虽然不曾转弯，路却变得更宽了。

眼下并不是一个在稳定的岗位就能工作一辈子的时代，世界正在以光速发生着改变。耳边依稀还记得长辈的叮嘱，要进一家正规公司，找一份正经工作，勤勤恳恳地干到退休，一生安安稳稳，那就是幸福了。可是转眼之间，一个年轻人一年换四五份工作，已经不再是什么离经叛道的事情，两三年换一个行业，也越来越普遍。拥有一份稳定职业的人，反倒更焦虑，谁知道这份职业在5年以后会不会就消失了？打造斜杠技能，成为了当下的年轻人最热衷的事情之一。这也是我认可跨界这件事的原因之一。

跨界这件事在我的眼中是这样的一幅场景：我走在一条笔直的道路上，旁边还有其他的路，有的近有的远，我的腿可以伸得很开，一脚踩在自己的路上，另一脚踩在旁边的路上。在我腿力的作用下，旁边那条路被我拉过来，离我原本的路越来越近，并在某一个点上融合进来，路面因此宽了一些。路越宽，我的腿就能变得更长，就可以再拉一条别的路进来。这条路的终点在哪里？我暂时还不知道。还要走多久？我也不知道。我只是不断地把它加宽，再加宽，再加宽。

走在这条越来越宽的路上，不管它最终通向哪里，我想那都会是一个非常了不起的地方。

第三个问题，我能留下什么？

像我这么坚定的人，偶尔也会有感觉无能为力的时候，也会怀疑这么认真努力地活着到底是为了什么？

无论是荣耀加身、大富大贵，还是穷困潦倒、碌碌无为，怎么过都是一生。获得世人瞩目的成就也好，按照自己的意愿肆意洒脱也好，总有一天都会烟消云散。就算能留下些什么，被后人散尽的财富或是无价的精神宝藏，它们的主人都将再也感知不到。如果不能被感知，存在或不存在又有什么区别呢？

人类是碳基生物，当说意识离开身体之后，身体会以比我们想象中更快的速度分解为粒子——氧原子、氢原子、碳原子、钠原子、氮原子以及钙和磷原子。这些原子并不会消失，他们会在自然界中不断地扩散、传递，和别的原子组成新的物质，去到原本的身体从来没去过的地方。生命会终结，这些原子并不会消失，对于人短暂的一生来说，这些原子的存在几乎是永恒的。

人的精神和意识——我们姑且称它为灵魂——是依托于物质而存在的，可是也没有办法解释，为什么人死之后，物质还在，灵魂却不见了。

每个人类都是由同样的原子构成，这些原子来源于宇宙，身体分解之后，它们又被归还到宇宙当中，就在这一来一去的过程中，产生了智慧和文明。人类是个整体，这当中的每一个个体，在把原子归还给宇宙以后，留下来的不就是这些吗?

不是每个人都会去思考要为这个世界留下些什么，但其实每一个曾经在这个世界上生活过的人，都有意无意地留下了些什么。所以我们大可不必为这种问题操心，我们多多少少总能为人类文明添点东西。

话又说回来，既然人的意识和智慧，是依附在这些随处可见、毫无特别之处的原子们构成的物质上，那为什么非要以“有限的生命体”这样脆弱的形态来承载这些意志和智慧呢？我不是第一个提出这个疑惑的人，科学家们早就在研究怎样改变灵魂的载体了。是否可以把一个人所有的意识和记忆，都附着在同样由这些原子构成的，更坚固、更轻巧，而且不会衰老的物质上?

听起来好像似曾相识，把人的智慧转移到别的载体上，和让别的载体拥有近似于人的智慧，这难道不是一回事吗?

我们可以用两种方式来解释机器人，一种是机器化的人类，另一种是像人类一样的机器。看上去确实本质上的区别。但谁知道呢？在未来，也许人工智能终于能够做到让机器像人一样思考，也许人的意识终于可以分毫不差地转移到机器上，或者是二者皆成为现实。最终的结果其实都一样，机器人的两个概念会合二为一，人类和人工智能将合并为同一个物种。

反正我到不了那样的未来，幻想一下，也不用负什么责任。

在完全陷入睡眠状态之前，我想象我的意识附着在每一个消散而去的原子上，随着宇宙间的能量交换，飞出地球，经过拉格朗日点，穿越小行星带，顺着银河系旋臂转动的方向，随机散落在银河当中……我一边静默地凝视着宇宙深处，一边构思，如何写一篇《银河漫游指南》。

第九节
三十而立，三十而已

子曰：吾十有五而志于学，三十而立，四十而不惑，五十而知天命，六十而耳顺，七十而从心所欲不逾矩。

三十而立，立的是什么？站在30岁和40岁之间，我终于可以为自己回答这个问题。

20多岁时，我以为三十而立就是要成家立业，定下一生要走的方向，我确实也是这么做的，正如千千万万的普通男人一样。

今年（2018年），是韬世律师事务所的第4年，一路走来，韬世带给我的绝不仅仅是立一个业这么简单。我常说韬世就是我的女儿，当初怀着三十而立成家立业的念想把韬世建立起来，然后和她一起成长，眼看着她一点一点变成我想要的样子，从一个懵懂的婴儿，慢慢开始有了自己的性格。而我也开始懂了，成家立业都只是表面，三十而立，立的是独立的思维模式和独自解决问题的能力。

年轻时遇到问题，总习惯向外界寻找答案。难过的时候听一些歌，歌词也许不那么直白明了，但却莫名地从中获得了力量。遇到挫折时读一些鸡汤，说的都是有道理的废话，但却像被打了鸡血一样，重新振奋起来。

等到成了自己的家立了自己的业以后，才慢慢明白，自己的人生只能自己找到答案。

我 20 多岁的时候，流行成功学，那时候不像现在这样有这么多五花八门的线上课程，那时就是那几个最有名的“大师”，收着高昂的学费，到全国各地去讲课，机场书店里，也循环播放着他们的演讲光盘。

现在的知识经济与那时的成功学很相似，不同之处是，现在的门槛要低得多，渠道要多得多，推广运营的方法丰富得多，课题细分垂直得多，热衷于订阅课程的用户也焦虑得多。

看看网上那些爆款文章的标题，“我是如何做到从月薪 2000 元到月入 5 万元的”“三年后工资工资不涨五倍，我赔你钱”“如何在 35 岁以前实现财务自由”“再不学 × × ×，你就要被淘汰了”“一年内工资翻倍的七个秘诀”……这些文章的末尾，通常都是在推广某个“非学不可”的课程。

知识经济的范围那么大，其中的确有一些非常实用的好课程，但就跟当年的成功学一样，如果不加判断盲目跟从，差不多就算是一种迷信。在我看来，所谓的“成功秘诀”永远不会是真正的捷径。而真正成功的人，也不会靠叫卖“成功秘诀”来获利。那些速成宝典如果真的有用，为什么还会有那么多人在焦虑中挣扎，在越囤越多从不上完的网课中忘了自己原本的初心？

成功的定义原本就不止一种，大部分网课所鼓吹的“成功”都是最功利的那一种，这种成功是有概率的，几万几十万个爱学习的人里，总有几个是怎么都会成功的，不管他有没有听过网课。做这门生意的人很明白，基数越大，越能捞出成功案例，然后用这些极少数的成功案例，来告诉更大的基数：来买课，你就有机会成功，如果你不成功，是因为你还不够努力。

10 年以前，经验还很管用，一个过来人的经验能够在很长的时间里，让后来者少走弯路。现在，经验过时的速度越来越快，有一些经验，当你花了大量的时间金钱和精力去把它学到手时，却发现适用的行业甚至都消失了。经验，总结的是过去，而开阔的眼界和独立思考，才能让你看到未来。

知识没有不好的，但不是所有的知识都对你有用，适合自己和自己所处环境的知识才是有效的信息。每个人都在多多少少有些不同的系统中成长，原生家庭、生长环境、区域文化、受过的教育、接触的人、看过的书、听过的话，这些都让你与别人不同。没有谁有资格指导别人的一生，更没有谁有必要复制别人的一生。只有那些在不断探索中，从不停止思考的人，才能把握自己的一生。

“知道那么多道理，却还是过不好这一生”，只因为道理是别人的，不是自己的。

在 30 岁以后的经历中，我发现精神力量的来源不再是外界，而是自己的内心。曾经以为充满力量的那些鸡汤，其实都是自己想通了才能发生作用。心情不好的时候，我仍然会听歌，仍然会在听歌的时候觉得被治愈，但治愈我的，并不是歌曲本身，而是在以音乐为媒介的氛围中，我觉察出心情不好的原因，梳理出让情况好转的办法，就算没听那几首歌，我的心情还是会好起来。

生活中遇到棘手的难题时，我也会去看书、看文章，去跟比我更厉害的人聊天。但那些文章和那些人说的话，并不能给我一个照着做就能解决难题的办法，而是我自己在阅读和倾听的时候得到了启发，找到了解答。这不是任何一个方法论能给我的答案，这样的解答，只在我所遇到的问题中，只在此时此刻，只能由我来执行才会发挥最大效果。

你看过和听过无数别人的故事，能记住的只是跟自己的经历相似的那些片段，并不是你记性不好，而是那些故事本就与你无关。从自己的经历获得道理，才是最有用的。这并不是说前人的经验没用，而是在说你能不能把它们融入自己的思想，滋养出完全属于自己的智慧。

自己过去的经历，无论好的还是坏的，都成就了现在的自己。而别人的经历成就的是别人，不是你。看别人的故事，最重要的不是沿着别人的脚印避开别人踩过的坑。彼之砒霜，汝之蜜糖，搞不好换个人换个角度就能发现坑里的宝藏。所以，重要的是，你通过自己的经历，融合自己确实理解了的道理，在荒野中，探出一条属于自己的路。

王小波在《三十而立》一书中写道："我一个人走着，前后不见一个人。忽然之间，我的心里开始松动。走着走着，觉得要头朝下坠入蓝天，两边纷纷的落叶好像天国金色的大门。我心里一荡，一些诗句涌上心头。就在这一瞬间，我解脱了一切苦恼，回到存在本身。"

三十而立，立的是"我"的存在，"我"的意识，"我"的答案，立的是"我"作为一个人，一个成熟独立的人，要以什么样的姿态立在这天地之间。

三十而立不是尘埃落定，而是刚刚做好起跑的准备。三十而立，是终于认清自己真真切切地存在于这个世界上。这个世界，正在等着你去认识它、探索它、改变它。

三十而立，先立稳自己，30 而已，前面是广阔天地。

第十节
我决心要做一个幸福的人

你最想要的东西是什么?

穷困潦倒的时候，最想要的是三餐不饿，天冷不冻。

能够温饱自足的时候，想要的是取得更大的成就，拥有更多选择。

功成名就的时候，想要的是身体健康，家人齐整和睦。

无论想要什么，最终我们追求的其实都是幸福。

幸福很容易理解。人生不如意十之八九，在不如意的人生当中，那些如意的瞬间所感受到的喜悦、满足、快乐、欣慰、感动……这些就是幸福。

要阐释幸福却是件很困难的事。幸福是一种感觉，感觉总是稍纵即逝，但却是人们最想抓住的东西，为了那一瞬间的感觉，人们总在不断地付出。

感觉这东西太玄乎了，看不见，摸不着，没有办法储存。能够被文字描述出来的感觉只是冰山一角，其余的部分都在每个人心里，你知道它在哪儿，却说不清，它到底是什么。

所以说感觉这种东西只和自己有关。幸福是一种感觉，那么幸福是不是也只和自己有关呢?

某天下午阳光很好，我很悠闲地晒着太阳看书，这种感觉挺幸福的，可是随后我接到一个电话，告诉我现在马上要到公司加班，瞬间觉得不幸福了。

某个好不容易忙完一大堆工作，终于可以休息一下的周末，我和好基友一起组队打游戏，沉浸在游戏里面忘记了所有的烦恼，这种感觉很幸福。就在马上要赢得一场胜利的时候，突然停电了，那时真的超级不幸福。

在我还是一个新人的时候，有一次工作出了纰漏造成损失，我在心里深深地自责，在我以为要被领导臭骂一顿的时候，领导拍着我的肩膀说："小谭，别紧张，谁也不是一开始就做得好的，下次注意就是了。"那一刻我觉得，遇到这样的领导，挺幸福的。

前一阵子我面临重要的决策，压力非常大，吃不下饭，睡不着觉，常常眉头紧锁，真想逃离那样的状态。这时我收到了老婆的一条信息："今天下班了允许你打游戏，我知道你最近压力大，放松玩玩吧，我给你做好吃的。"能够得到家人的理解和关怀。真是人生最幸福的事情。

你看，我们的幸福与不幸福，常常都跟自己以外的人和事有关系，我们是多么容易被外界左右啊！

于是我想要向内寻找幸福的标准，我想知道，有没有什么方法，能让幸福的感觉更多更长久地存在于自己的内心，不管外界如何变化都不会受到干扰。

我决心要做一个幸福的人。

01 自信——一个不欣赏自己的人是难以快乐的

自信，大概是想要抓住幸福，最重要的基石了。

你要怎么样，才会相信一个人呢？刚刚认识还不够了解的时候，一定都是不能完全相信的吧？那如果你自己都不了解自己，又怎么会相信自己呢？很多人觉得了解自己很难，我觉得其实做两件事就可以了。

第一，是接纳自己的不完美。

很多人喜欢拿自己的弱点，跟别人的长处比较。

同样都是男人，他 1 米 9，我 1 米 6，哎呀好自卑。同样都是“90 后”，她白白嫩嫩满脸的胶原蛋白，我却天生又黑又瘦，哎呀好自卑。都是同一个学校同一个专业出来的，他混得那么好，毕业 3 年就买车买房了，我却还在温饱线上挣扎，哎呀好自卑。

人真的是经不起比较。总有一些人，在某些方面比你强，总有一些让你觉得，无论如何都输定了的条件，你觉得那些就是限制你获得幸福的枷锁。可是这个世界上又有谁是方方面面都完美的呢？那些你认为先天条件比你强、运气比你好的人，他们又有他们的弱点和烦恼，也许在他们眼里，你才是值得被羡慕的那一个，何必用那些莫名其妙的标准来评判自己。

要知道在你的人生中，你自己就是唯一的主人。主人就算再不完美，还是掌控着你自己的整个人生，而你的人生没有资格对主人说“不”，无论如何都只能听你的，无论如何都无法嫌弃你。那你又有什么理由嫌弃自己呢？

第二，是认可自我。

我的公众号开通一段时间之后，有个朋友来找我讨论怎么写公众号文章。我说这方面我也没有专门研究过，就是想到什么就写什么。

那位朋友说：我觉得写文章好难啊！最难的就是选题，我常常想了 10 多个选题，列成一张清单，又一条一条把它们推翻。因为列选题清单的时候，只觉得这个主题我好像可以写，但是仔细思考一下，又觉得这个主题根本就没有什么特别，没有深度，写出来也没人愿意看。

我把他的选题拿过来看了一下，发现其实大多数都很不错，细聊之下，我发现这个朋友有一个毛病。他总觉得，他知道的事情别人应该都知道，总觉得他都能轻易想通的道理，一定是属于常识。非要那种让他自己都觉得非常深奥，很难想通的话题，才值得写成文章给别人看。于是我跟他说，首先你认为是常识的事情，其实很多人都不知道，要是不写成文章发布出来，怎么会知道别人知不知道呢？其次，写文章这件事，本来就是知道的人把自己知道的事写出来，给不知道的人看的。这个世界上有很多人比你知道的多，也有很多人比你知道的少，你要的是有人看你的文章，而不是所有人都来看你的文章。所以只要有那么一部分人，看了你的文章，觉得知道了他们以前不知道的事，那不就达到目的了吗？

后来他终于想通了，开始写文章发公众号，一段时间以后，他很兴奋地告诉我，虽然现在看文章的人并不算太多，但是看了的人，很多都给他留言，觉得文章解答了他们的疑惑，他现在自信满满，打算一直写下去。

我常常说，一个不欣赏自己的人是难以快乐的。当我们接纳了自己的不完美，认可了自我，那种发自内心的笃定的自信，就能够让外界所谓的标准为你而改变。

02 自由——别把手握得太紧，会疼

上小学一年级的时候，刚刚开始学写字，一笔一画写得很认真、很用力，稍微多写一点字，手指关节就硌得很疼。这种时候，越是想把字写得好看，就

会忍着疼，更用力握着笔，试图控制笔尖的走向。然而越是如此，字反而写得越难看。

自由也是如此。大多数时候，不自由，都是因为自己太过用力造成的。

人们喜欢的说法是，自由就是有选择的权利，选择做喜欢的事情，或者选择不做不喜欢的事情。但其实很多事情根本没有必要用喜欢和不喜欢来区分。

比如说吃饭。吃饭是为了补充身体活动需要的能量，不管喜不喜欢都得吃，区别只在于吃到好吃的东西，可能会更开心一点。有的人呢，对好吃这件事特别执着，一定要吃到好吃的，这一天的心情才会好，如果一顿饭没有找到好吃的东西就会产生烦躁的情绪，做其他的事情都会受到影响。可是不管好吃不好吃，只要饿了就得吃饭，万一有一天，你去到一个地方，那里所有东西都是一个味道，都不好吃，那是不是你就活不下去了呢？在吃饭这件事情上，你可以选择，注重食物的口味还是吃饱了就好。你更可以选择，和谁一起吃饭，让不那么好吃的食物也显得有滋有味。

世界上的很多事情都是这样，你本来有很多的选择，这些选择都可以让你更快乐可你偏偏选择关注会让你不快乐的标准。难怪你觉得不自由，都是自找的。

乔纳森·弗兰岑的《自由》中有这么一句话：“容易被无边无际的自由梦俘获的，同样容易被——倘若这个梦没有实现——厌世和愤怒的情绪所控制。”

说的就是人们所感觉到的不自由，往往都是因为求而不得所产生的负面情绪，那些情绪让人痛苦，却不一定是真实的。其实只要从执念中跳出来，看你所执着的事情，就会发现正是你自己的选择，把你困在不自由的执念里。

这世上既没有绝对的自由，也没有绝对的不自由。你可以因为无法去到想要的远方而痛苦万分，也可以选择欣然接受自己虽然去不了诗和远方，但仍然能够敞开胸怀，拥抱眼前的真实。

一切，皆在于你自己的选择。

03 敬畏——无所敬畏的，人生是索然无味的

无所敬畏意味着，在你的心里，你自己就是最大最强的，没有任何力量凌驾在你之上。听起来似乎是很爽，你可以随心所欲，没有任何东西能够约束和限制你。但是这同样意味着，你没有什么可以冲破的东西。

活着的意义之一，就是不断地冲破天花板，达到更高的层次和境界。正是因为人永远都到不了最高的地方，头顶之上永远都会有更强大的力量，所以永远才有了意义。对一个无所敬畏的人来说，天花板是不存在的，但是没有天花板，就等于不管身在何处，只要一抬头，鼻尖就碰到顶了。那得有多无聊！

这个世界上真的有无所敬畏的人吗？当然是有的。你看那些天不怕地不怕，想做什么就去做，不敬畏法律、不敬畏道德、不敬畏因果的人，大都是十恶不赦的罪犯，而且因为不敬畏任何事情，他们甚至不觉得自己是在作恶，只是给自己索然无味的人生增加一点调味料。

人活着总是应该敬畏些什么的，所以人类文明中才有了宗教，有了信仰，有了各种主义。敬畏带给人的并不是约束和压制，而是一种安全感，这种安全感，让人勇于承担行为带来的后果，敢于面对自己的渺小。人只有意识到自己的渺小，才有不断变强的驱动力，才有可能成就更强大的自己。

这种安全感还让人意识到“我上头有人”，天塌下来，上头有人会替我顶着，这不是挺幸福的吗？

04 孤独——智慧自孤独中诞生

思量再三，我决定用孤独这个更极致的词来代替独立，如果你不喜欢，也可以把它换成“独立”。

在大多数人看来，孤独绝对跟幸福扯不上关系，孤独怎么看都是属于消极的那类词汇。然而在我看来，虽然孤独并不是一个那么美好的事情，但在我们追求幸福的时候，却无论如何也绕不开它。

我们所里有个同事给我讲过一个很有意思的事情。他说他小的时候，有一次吃皮蛋，他妈妈告诉他说，小孩子不能吃皮蛋，因为皮蛋含铅，小孩子吃了会变笨。也不知道为什么，这个同事从小就对变笨这件事情有着深深的恐惧，所以在听到妈妈的话以后，他在成年之前真的一口皮蛋都没有吃过。他说要阻止他做什么事情，其实非常简单，只要让他确信做了那些事情之后会变笨，他就一定不会去做。

我问他为什么那么在意变笨这件事儿，你看那些不聪明的人，不是也活得挺快乐的嘛，所谓傻人有傻福，你要那么聪明干吗?

他说，已经知道了的事情，人是没有办法装作不知道的，但是当人知道了一件事，就会想要知道更多，知道的越多，就越害怕无知。

是啊，当第一个产生了自我意识的智人，开始认真观察这个世界，开始尝试理解周围发生的一切时，人类就开始了漫漫的求知之路。渴望知识，是人类与动物最大的区别之一，是人类文明发展成今天这样，最大的原动力之一。

对于人类来说，获得智慧是最高级的幸福。而智慧，总是在孤独中诞生。

我们每时每刻都在不断的接受信息和交换信息，而只有在一切都安静下来独处的时候，才有余暇去思考和分析这些信息。在孤独中思考，去喧嚣中验证，回到孤独中再思考——智慧就在这个过程中，得以成长、壮大，人的思想因此而变得越发通透和厚重。

对于我个人来说，这就是一种莫大的幸福。

05 希望——充满鲜花的世界到底在哪里

推动你奋发向上的精神力量来自哪里？是对残酷现实的痛恨，对某种意志的信仰，对虚弱贫瘠的恐惧？还是对亲人的责任感和对目标的使命感？

人们已经太习惯于把承受痛苦当作精神力量的来源，把摆脱痛苦当作勤奋努力的动力。什么时候起，对美好未来的憧憬，成了幼稚和天真的象征，仿佛成熟就是丢弃充满理想化的希望，永远以最糟糕的可能性来激励自己去拼搏。这样不健康的激励能带给我们幸福和快乐吗？

我曾遇到过一个极度悲观的人。这个人在他所从事的领域已经取得了不小的成就，不了解他的人根本无法想象，他的内心竟是如此悲观。在他的眼中，世界就是一个巨大的泥沼，他只有不断地挣扎，用尽一切手段向上爬，才能够避免在泥沼中越陷越深。

他曾对我说：我从来不相信有什么充满鲜花的地方在等我去寻找，我只知道如果不想办法站得高一点，就会被泥沼吞噬掉。

其实我大概可以理解为什么他会有那样的感受。这个世界，有时候的确不是那么的美好，有很多让人无可奈何的黑暗和丑陋，可是正是因为有这样的一面，那些光明的、充满希望的时刻，才愈发的珍贵和美好。

我们的世界很复杂，有很多维度很多面，只看到其中的任意一面，都不是真实。希望就是在看到世界真实的样子之后，仍然选择鼓起勇气前行，奋力趟过一个个丑恶的泥潭，同时，也珍惜和交错其中的每一个美好拥抱的机会。

即使被认为是理想化和天真。我也更情愿选择以乐观的，充满希望的方式去追求幸福。

Chapter 5

第五章

未来很快会来

第一节
你看上去像个律师吗?

在我看来，当律师有三重境界

第一重：看山是山——看上去像个律师。

第二重：看山不是山——具备非律师思维。

第三重：看山还是山——还原律师本源价值。

先说个题外话。2016年我在各种演讲和公开课上，讲了一年“看上去像个律师”的主题，原本计划2017年要多讲讲“非律师思维”的，但还是有太多的律师看上去不像个律师的样子，于是不得不又讲了一年“看上去像个律师”。一方面，确实还有太多律师缺乏执业形象管理的理念，还有很多有理念了却没有找到适合自己的方法；另一方面，也是我还不够努力，影响力也还差得远，没能把“看上去像个律师”的重要性和具体方法传达给更多律师朋友，而这将是我接下来要努力的方向之一。

前面说到律师的三重境界，律师执业形象管理是第一重“看上去像个律师”的具体执行方法，可是很多人在这第一重境界就“扑街”了。

为什么要“像个律师”？

首先是形成身份认同，无论自己对自己还是他人对自己。

先问自己几个问题，为什么医生在工作时需要穿白大褂？警察有警服，学生有校服，还有交警、保安、城管、空乘、厨师、公交车司机……他们都有在自己的岗位上必须穿着的制服。律师也有律师袍，但律师工作比较特殊，只在正式出庭的时候要穿律师袍。那么庭外穿什么呢？随便穿？难道在庭外我们律师就不是在工作了吗？显然不是。那我们在庭外工作的时候也要穿律师袍吗？也不是。那么，我们要怎样让别人尽可能快地识别我们，以便在他们需要我们的时候第一时间找到我们呢？

要成为一名合格的律师（我们先说最基本的“合格”，优不优秀后面再说），首先要通过资格认证，包括专业技能和执业资格的国家官方统一标准的认证，难度大门槛高，不是谁都能轻易做到。拿到资格认证的你们都相当优秀。但是，不要太得意，作为律师，这点优秀才仅仅是入门，刚刚跨进律师的门槛。考试分数再高，拉不到客户、接不到案子，那你只是一个拥有律师证的普通人而已。客户的认可，才是我们从一个拿着律师证的普通人，进化成一名真正的律师“职业身份认证”。

那么怎样才能得到客户的认证呢？

在律师职业之外，我们大家都是消费者，日常生活都在花钱买产品买服务。举个例子，比如我们去理发店做头发，一个穿花衬衫紧身裤甩尖子皮鞋、染渐变50度灰头发的帅哥走过来跟你说：我是Tony，很高兴为你服务，先生要染烫还是洗剪吹？你会觉得很正常，美发师就是这个样子，然后放心地把你的脑袋交给他折腾。但如果是个穿背心短裤人字拖、剃光头纹花臂的兄弟伙，走过来瞪着你说：绞个脑壳哇？（四川话）恐怕你就没那么容易把脑袋交给他折腾了吧。

客户看律师也是一样的，首先看到的是你的着装是否干练得体，整体气质是否沉稳可靠。你进入客户眼中的第一个画面，基本上就奠定了在之后的沟通中，客户对你的判断基础。当然，着装礼仪都是表面，面子里子都要有。里子是什么？就是帮客户解决问题的能力。不要说什么“别看我邋遢其实我很强”，这个问题我们要从客户的角度来看，客户第一眼是看不到你的专业能力的，只能通过外在来进行初步判断。

我讲关于律师穿着的课时，有些学员在反馈中表现出不理解、怀疑，甚至是背后中伤，觉得我的成就都来自于会穿衣服。在我看来，会这样想的学员，他们看问题的角度其实非常浅，我讲表面他们就只看到外表。我教的不是怎么穿衣服，而是怎么通过包装外表，来更完整地展现内在。我选择给外界看到这样的我，因为我希望我的外表能匹配得上我的内在。大家的时间都很值钱，客户看到一个衣衫褴褛邋里邋遢的律师，是不是还要花时间来判断这个律师是否值得信任？所以我们有责任为客户节省下判断、做选择的时间。

此外，我们也需要来自外在的自我认同。

上中学的时候，我们都被要求穿校服，“80后”“90后”都清楚，我们的校服并不好看，宽宽大大的运动服套装加上迷之配色，任你有多高的颜值都要被拉低分数。有没有人质疑过为什么非得穿校服？青春期的少年少女难免想要穿自己喜欢的衣服，展现与众不同的个性，然而那时我们最主要的身份是学生，校服的意义就在于时刻提醒我们“我是谁”。这是一种约束，当我们低头看见自己身上的这身校服，潜意识中就会去约束自己的行为，不去做学生不该做的出格的事情。当然还是有些叛逆的孩子会故意去反抗这种约束，但我们成年人更应该懂得这种约束的现实意义。

再说了，“律师”不应该是让我们感到自豪的身份吗？穿着衬衫短裤人字拖下楼买泡面的时候，和西装革履干净利落去见客户的时候，我们的姿态、神情、精神状态肯定是截然不同的。当我们“看上去像个律师”的时候，我们的一言一行都会下意识地去为“律师”这个称呼加分。

“看上去像个律师”，不正是我们选择这个行业的原因之一吗？

在不同的人生阶段，我们说着不同的话，做着不同的事，当我们已经走了这么远，常常忘记当初为什么而出发。我们也许能通过重新对自己进行审视，发现一些散落在成长过程中的细节，找到被我们遗忘的初心。

小时候在暑假里你们最爱看的电视剧是什么？

我最爱看的电视剧不是《西游记》也不是《还珠格格》，而是TVB律政剧《壹号皇庭》《流氓律师》。那时候我还不到10岁，到底从里面看到的是什么，以至于在那时我很确定，我这辈子一定会成为一名律师？

长大之后，我才知道，当年看的律政剧都有个前缀“时装现代剧”。仔细想来，除了跌宕起伏的剧情和细腻的人物刻画，留在我脑海里久久不能磨灭的，是他们职业的穿着和举手投足间的气质。20 多年后的今天，TVB 电视剧早已算不上潮流和时髦，现在的美剧、英剧、国产剧，有太多的类型和选择。无论是《金装律师》还是《何以笙箫默》，一直没变的是，律师这个行业在影视界总是“优雅、成熟”和“高智商、高情商”的代名词。

然而在现实生活中，这样的精装律师少之又少。仔细想想，在当事人眼里，我们到底是个什么样子？当客户满怀希望地找到我们时，我们呈现出来的面貌，会不会让他们感觉心中的期待被现实打了个大耳刮子？

这是一个快速消费的时代，不会因为你“是金子总会发光”而对你特殊关照；这也是一个现实的时代，不会因为你“败絮其外金玉其中”而对你刮目相看。这个时代，需要的是实力和形象的相互匹配，是在职业场合的礼貌与得体，是尊重他人的时间和感受，是恰如其分的自我表达。

“看上去像个律师”同样也传达了一个信号——这是一个注重自我管理的人。

一个人成长的过程，就是思想体系逐渐变得丰满、成熟、全面的过程。随着年龄的增长，需要我们操心的事情不断增加，人们往往投入大量的时间和精力去获得很多可供支配的物资，然而比囤积更困难的是梳理。如何在庞杂物质和繁杂信息的侵袭下，让自己的工作和生活井井有条，成为时下热门的探讨话题，于是涌现出各种各样的“整理术”“断舍离”。但其实我们最先需要整理的是我们自己，一屋不扫何以扫天下，连承载所有思想和能力的这具皮囊都管理不好，又如何管理得好那些身外之物？

现在，放下书本走到镜子前，从头到脚好好看看自己。杂草一样的头发、狗啃般的指甲、皱巴巴的衬衣、胡乱搭的领带、不合身的西服、拖沓的裤脚、灰扑扑的皮鞋、与肤色相去甚远的丝袜……这些细节无时无刻不在透露着对于着装礼仪的无视和对自我管理的放任。这，绝对不是我们希望传达给我们的客户、同事、合作伙伴或供应商的信息。

究其原因，身高一般、颜值不出众、身材不好、收入不高，等等，都会被用来当作让人们不在乎外形的“不可抗”理由，说出口来的却是不会穿、不肯学、不愿投资、怕麻烦。然而这些统统都不是理由，不管你表面上再怎么对精心打理形象这件事嗤之以鼻，唯一存在于你潜意识深处的原因是——你内心觉得自己配不上拥有精致优雅的外表。

任何人都可以穿西装，但不是每个人都可以成为律师，我们应该有我们自己的自豪。如果你曾了解行业外人们对律师的认识，你会发现大多数人都对律师这个行业充满了好奇和争议，而缺乏对这个行业该有的信任和敬畏，这也是为什么现在大家谈到自己的工作状态时，常常会叹气摇头。为什么我们总感觉缺少来自外部的尊敬和赞美？为什么我们给人们的印象不像小时候看的影视剧那样美好？为什么还有那么多人总是无法理解我们在律师这个头衔下必须尽到的职责和义务？

作为律师，我们管不住他人的悠悠之口，但理应管理好自己的言行，在自我管理体系中，管理好自己的执业形象也许不是最主要的，更不是最困难的，但一定是最基础和最优先的。

如果你已经意识到律师执业形象管理的重要性，却苦于找不到适合自己的路子或简明易行的方法，别着急，我们下本书见！

第二节
无人驾驶时代，还有多久才会来？

2017 年，深圳开通了第一条无人驾驶公交线路，北京雄安建立了无人驾驶实验区，这意味着无人驾驶时代可能很快就要来了。这不，韬世的某“90 后”同事已经不打算考驾照了，他说反正无人驾驶时代来临以后，就不需要司机了，驾照考来还有什么用呢？

我想问问他，有想过我们这些老司机的感受吗？话虽这么说，其实我也很期待无人驾驶时代快点到来。原因如下。

首先是通畅。

我在成都已经生活很多年了，眼睁睁看着成都从一个普通的西南边陲省会城市，一步步发展到今天的准一线城市。对于城市的变化，最直观的感受就是交通。10 年前二环路还没修高架，也没有地铁，每天的早高峰时段，只有一环路以内的市中心区域堵得水泄不通。如今路越修越宽，环线越修越多，立交桥越修越立体，还有地铁和共享单车帮忙分流。然而，每天早上三环龟速已是常态，连绕城高速都经常跟便秘似的。

每到这种时候我就想，开车的人（包括我），转弯、过红灯、规划路线怎样最快最方便，大都只考虑自己的需求，也只能考虑到自己。谁知道超车加塞的那个，他到底想去哪里；谁知道后面狂按喇叭的那个，是不是选错了路线心里着急。大家都急，我没办法知道别人在急什么，只能先顾好自己。

假如是在无人驾驶时代，所有的汽车共享路况数据和路线规划信息，基于即时的云数据更新和完善的道路规划系统，你只需要告诉系统你要去哪里，系统就会安排好最优路径。没有人会抢道转弯，没有人会闯黄灯，没有人会强行调头。

可能车龙依然会很长，但是 3D 成像设备和实时反馈运算，能够让所有的车辆都保持匀速行驶。堵车？呵呵，不存在的。

其次是安全。

大部分交通事故，都是由人的不当驾驶行为所造成的。而在无人驾驶时代，不会有疲劳驾驶，不存在酒驾，不用担心是新手操作还是老司机走神，更不用说争输赢的超车，或是报复性别车。去掉了人的不稳定因素，一切都在既定的规范中运行，很多事故就不会发生。至于设备故障、零件损坏、系统 bug 什么的，那就是技术问题了。等技术完善到一定程度，就像《三体》里面所描述的未来世界那样，一年只发生六七起交通事故的概率，四舍五入约等于忽略不计。

话又说回来，仅从技术上来看，大概只需要 5 年左右，至少在中国一线大城市就可以普及无人驾驶交通系统。但现实中可能并不会那么快。

中国有多少专职司机，仅靠驾驶这一项技术谋生，如果在短时间内普及无人驾驶，这个数字就会迅速变成失业大军。如果没有一个妥善的安置方案，没有一段平缓的转型过渡时间，这些被技术所淘汰的老司机，将何去何从？这绝对是威胁社会安定和谐的一大隐患。

加上关键技术细节尚需完善，车联网还需要许多硬件和软件开发公司达成通力合作才能建设起来，所以，在彻底进入无人驾驶时代之前，还会有相当长一段时间是人工驾驶、人工监控驾驶、无人驾驶并存的阶段。

在这个阶段中，仍然会有行人和非机动车在路上穿梭，交通结构将会是前所未有的复杂。到时候我们律师将要面对的，就不仅仅是处理人与人之间的纠纷，还要处理不同性质的人、设备制造方、软件开发方、系统维护方等多方面的责任关系。

法律总是滞后于社会发展的，任何新的领域新的技术，都是先进入人们的生活，产生新的冲突和矛盾之后，法律再慢慢完善。无人驾驶要在短时间内普及的话，就意味着道路交通相关法规必须加快更新速度，不能滞后太多。

从市场和经济来看，无人驾驶是一个新蛋糕，不仅仅在于硬件和系统本身，其衍生出来的相关技术和产品都将带动新的风口，比如能源、低技术配件、交互软件、服务，等等，市场将发生巨大波动，同时伴生许多新的冲突。我们可以参考一下共享单车，风口到来的时候市场上涌现出成百家共享单车公司，一度造成道路环境和管理的混乱，不到一年的时间里就经历了大洗牌，那些不能被市场兼容的公司迅速被淘汰，剩下的再慢慢着手解决冲突和混乱，逐步趋向稳定，直到现在仍处于从混乱到稳定的过渡期。相比起共享单车，无人驾驶汽车对社会的影响更大，冲突也会更激烈。

市场规律会在这种情况下发挥一个重要作用——减速。人不是机器，在接受新事物时，必然会出现适应程度不平衡的现象，如果不加以控制，整个社会可能都会断层，发展速度过快不见得是个好事，因此需要一些手段来降低效率。

地铁换乘冗长曲折的过道，是为了降低人们行走的速度，达到疏导人流的目的。打字机键盘的布局是为了降低打字速度，因为打字太快机器性能跟不上，而当机器跟得上的时候，人们已经适应了现有的布局，不需要再调整了。杭州湾大桥不是一条直线，按理说直线距离最短，耗材也最少，修成直线可以花更少的成本达到更高的效率，然而修成曲线并不是技术问题，而是为了让司机们在弯道中减速，同时保持注意力集中，防止直线视野带来的视觉疲劳造成事故。

为了制衡冲突、维持稳定，一定会有一些策略来降低无人驾驶普及应用的效率，这就相当于把过渡的阶段拉长。打个比方，如果从技术层面以及立法的准备，完全有可能在 10 年以内普及应用，但是为了平稳过渡，就会把这个过渡的阶段再延长 5~10 年的时间。这样的减速某种程度上是健康且合理的，我们将会有比较充分的时间去解决稳定民生的问题。

说到这里，正好就以司机为例，来探讨一下在人工智能的冲击下即将消失的职业该如何转型，以下内容都来源于我的脑洞，却也不失为可供参考的思路。

在说无人驾驶之前，先来看一个例子——无现金支付的高速普及。前文曾经提到过，中国在短短两年的时间里，就几乎完成了从现金支付到无现金社会的过渡，之所以用了两年，还是因为不同年龄层、不同地区的人对其接受和适应的速度不一样，老一辈需要付出一些学习成本来习惯无现金支付，还有一些偏远地区因为网络建设的原因暂时无法推进。年龄、地域的不平衡发展，延缓了无现金支付的普及速度和程度，无人驾驶因此而受到的延迟会更加显著。

于是我们有了司机职业过渡的第一个方案——跟着无人驾驶的扩散圈，从中心区域流向周边区域。比如说一、二线城市退下来的司机可以到三、四线城市去工作。由于家庭、不动产等因素，迁移对很多老司机来说是不太能接受的，加上无人驾驶普及的速度可能比想象的更快，向次级地区分流也只能解一时之急。这种方式是无奈之下的被动调整，属于下策。

第二个方案，是通过政策调控，延缓无人驾驶的普及速度，同时不再增加新司机。比如限制颁发驾照和车辆营运牌照，等现有的司机自然退休，让司机这个职业平缓地消失。这个方案最大的问题在于，需要的时间太长了，极有可能会拖累整个国家的经济发展进程。靠政策调控完成过渡，是中策。

最后一个方案，就是主动寻求转型，这才是上策。

当一款产品或一种技术满足了人们的某个需求时，并不代表供求链就到头了。人的需求总在不停地升级，有了房子还会想要好家具，吃饱喝足了还会想要运动娱乐，有了无人驾驶汽车，一定还会催生新的需求。市场就是这样，谁能在新事物的冲击下率先发现新的需求点，谁就能借势而起占住风口。对老司机来说，在没有相关学识或技能的情况下，很难去占新能源、新材料或网络系统方面的风口，那么，最有可能成功的转型方向就是服务。

无人驾驶解决了人们对交通通畅和安全的需求之后，人们亟待升级的需求就是体验，即用户体验。无人驾驶汽车不需要司机，但并不代表车上除了乘客之外就完全不可以有其他人，这个人我们可以叫他“客服”，或者换个酷一点的名字——车长（起名是我的弱项，你们再想个更好的）。这个车长的职能是让用户在乘车过程中获得更加舒服、愉悦的体验，在这方面能够提供的服务就很多了，比如陪乘客聊天，给乘客做早餐，听乘客倾诉烦恼，带乘客玩游戏，再想得夸张一点，还可以在车上给乘客做个就业咨询或者心理疏导什么的，当然，法律咨询也是可以有的。当无人化技术性服务成为生活的主流，一个活生生的人类带给你的温暖和慰藉就会反过来成为稀缺品。如果能洞察到这类新需求，提前学习和锻炼能够满足这类需求的技能，甚至做好开发新的服务产业链的准备，很有可能就能成为无人驾驶时代的阿里巴巴。

想想都有点小激动呢，要是能抓住这个趋势，在风口到来的时候占据头部位置，搞不好我就能成为下一个马云。

好了，脑洞到此为之，以上方案统统属于无责任猜想，万一成真了记得是我说的，万一没成真，就当故事看看即可。

所以无人驾驶时代，到底还要等多久才会到来？我也说不准。

可能还要等比我们想象的更久的时间，可能过程会比我们想象的更艰难，但无人驾驶时代终会到来，这是机器和人工智能相结合带给人类社会的便利，更是时代的趋势。趋势的浪潮来得太快，守在原地就等于倒退，在变革完成之前，没人能躲得过颠覆的阵痛。在被趋势推着走之前先更新自己，顺势而为，才是让我们无痛享受科技便利的基本原则。

预测未来最好的方式是参与创造未来，我们最好现在就开始考虑，要如何参与其中，才能在看得见的变化来到身边之前，踏浪前行。

第三节
未来，律师的价值是什么?

我们正处在一个飞速变化的时代，新的技术和应用不断地改变着我们的生活。可能一夜之间，我们所熟悉的某样事物，就会发生翻天覆地的变化。

两年前，朋友送了我一个生日礼物，是一个很漂亮的钱包，我当时非常喜欢，可是没用过几次，生活中就已经不再需要钱包了。我把那个几乎是崭新的钱包好好收起来，说不定到我退休的时候，它就成了一件珍贵的收藏品。某一天我的孙子会在柜子的角落发现这个钱包，我就得跟他解释，这到底是个什么东西，拿来干什么用的。

这一点也不夸张。就在几天前，我还一本正经地跟一个“90 后”同事解释 BP 机的使用原理。

机器和人工智能正在飞速发展，各种各样对未来的想象和预测，正在以迅雷不及掩耳的速度成为现实。在不久以后的未来，人类会作为机器的主人，享受着机器和人工智能带来的便利，同时也不得不面对冲击和风险。

在劳动力密集型的产业中，机器和人工智能结合起来的效率远远高于人工。一切能够用标准化流程去管理的生产业、制造业，生产力都将呈几何倍数增长。随着技术的不断完善和提高，人们生活工作所需要的物质资源产出率大大增加，成本大幅降低，获取物资会更加的容易和便宜。当物资变得不再稀缺，人们对物质和金钱的欲望也就没有那么的强烈了。因此在未来，把人与人之间的差异拉大的，将不再是资源和财富，而是智慧、是创造力、是物质以外的其他价值。

未来的社会职能构成将趋于简化，但个体的职业形态会越来越复杂，或者说会是复合型的。新生的职业，将要求多种技术和能力集成在单个个体上，个体所能产生的价值差异就会越来越大。什么能带给人们差异化的稀缺价值，什么就是风口。

当资源稀缺的时候，卖资源就是风口；当技术稀缺的时候，卖技术就是风口。而在未来，解决了新能源新材料和生产力的问题之后，资源就不再稀缺，人工智能发展到一定程度的时候，中低端的技术也不再稀缺。高端技术将由少数个人或组织掌握，那么唯一能成为风口的，就是卖服务。

什么是服务？就是用户需要什么，我们就供应什么，甚至预测到用户有可能需要什么，在用户说出来的需求之外，开发出更高层次的需求，然后去满足它。服务不是什么新鲜的概念，但人的需求是不断在改变的。

投身于法律行业和准备投身法律行业的人们，都是幸运的。尽管我们也面临着未来社会形态即将带来的冲击，但我们至少不必像其他行业和专业的人那样焦虑。只要人类文明中还有社会的组织形式和结构存在，法律就会一直被需要。我们不必担心未来世界会在一夜之间不再需要法典、法官、律师、司法机构；法学院的学生也不用担心精心挑选的专业会在毕业之后，有可能连相关的行业都不存在了。

未来任何一个人，都可以从网络和 APP 上轻易地获取法律知识，因此掌握大量的知识和理论就不再稀缺。那么律师能给人们的稀缺价值是什么呢？

过去人们通过看报纸、看电视、听广播来了解世界上正在发生什么，阅读同样媒介的人，看到的内容都一样，不管你想不想知道，世界就那样呈现在你眼前。现在，大数据和智能算法正在弄清楚你想看到什么，然后把你喜欢的内容推送到你的面前。每个人接收到的信息都不一样，你喜欢什么、对什么感兴趣、正在关注什么，大数据和智能算法就会投你所好，只给你你想看的，不会在乎你应该看的。于是你以为你看到的就是世界真实的样子。

就好像每个人都拥有一个个性化的平行世界，这些平行世界，就像一个个肥皂泡，可能毫不相关，可能会发生交集，也有可能会激烈碰撞。有一种力量维系着所有泡泡之间的平衡，让所有的平行世界能够在同一个地球上、同一个物理空间中有序运行，这种力量就是规则。这个规则不是物理规则，不是不管有没有人类有没有智慧都会存在的。这个规则，是专门为人类社会而存在的。既然有规则，就需要维护规则的人。

和法官、警察这样只为维护规则而存在的行业不同，律师更像是在规则之内既维护规则又提供服务的人。这种服务让社会运转得更加和谐，让人们的生活更加愉快。

如果说每个平行世界之间都存在着看不见的壁垒，那么律师必须是能够跨越壁垒的人。对别人而言，只需要看到自己的平行世界就可以愉快地度过一生。拉黑、屏蔽和卸载，就是把不喜欢的世界隔离在自己的壁垒之外，这对人们来说比讲道理要高效得多。

网上有句话流传很广，“没有所谓正确的三观，只有正合你意的三观”。这句话的意思就是说，人们总是认为自己相信的就是真实的。而律师要有能够兼容各种三观的三观，既要看得清壁垒的边界，也要看得到真实的世界。可以说，律师应该是拥有上帝视角的人。

在未来世界，拥有法律知识将不再是律师的稀缺价值。未来律师的价值将会体现在：提供让人们增加幸福感的服务，拥有看透真相和本质的格局，兼容和协调全局的能力。

所以未来的律师，既要快，又不能急。更新认知要快，拓宽思维要快，抓住海量信息中一闪而过的灵感要快。而心态不能急，越是急功近利，盲目短视，就越容易被淘汰。

我不想说一些危言耸听的话，来增加你们的焦虑，也不打算给毫无准备的你们任何宽慰。只想告诉你们我所知道的事实和我的思考，不保证绝对正确，但我更希望我不是在喃喃自语。在这个冲浪般刺激的时代，我只不过是想要看到多一些律师站在浪头。

第四节

有那么一天，当我老了

曾经在疲惫得想要放下手上所有工作去休息的时候，我问过自己：50年后，你希望过什么样的生活？

50年后，我80多岁，孙子辈已经长大成人，运气好的话，大概都能有曾孙了，四世同堂的场景，想来定是幸福又有趣的。

50年后，我肯定早已退休，如果一直坚持健身，身子骨还算硬朗，生活就可以自理，不会给在外拼搏的孩子们增添负担。

50年后，我的大部分人生理想都已经实现，回想起当年的拼搏与艰辛、成就与满足，肯定会有一些小遗憾，但是都不重要了，认真活过就不枉此生。

50年后，科技可能会让生活变得科幻，满大街跑的都是无人驾驶电动车；手机电脑都集成在一块腕表上，要用的时候全息投影出触控虚拟屏幕；所有的家电甚至家具都是智能的，衣柜会根据起床时的心情弹出今天要穿的衣服，蹲个马桶的时间就能获得当日健康指数报告，午睡的时候窗户玻璃会自动调低透明度；在儿孙们没空理你的时候，机器人就会来陪你聊天解闷，空巢老人再也不用害怕寂寞……

然而到了那个时候，年轻人也会因为我们的思想跟不上时代，弄一堆机器和程序来照顾和陪伴我们，而不肯坐下来和我们聊聊天，就像现在的年轻人嫌弃现在的老人一样。

现在我们还年轻，我们如饥似渴地吸收知识，挖空心思突破创新，拼尽全力改变生活，也改变着这个世界。同时，我们也在一天一天老去。

每过去一天，世界上就出生了30多万个新生婴儿，他们将在我们创造的优越条件中茁壮成长。当孩子们长大开始改变世界的时候，我们就成了他们眼中“落后”的老年人，循环轮回，生生不息。

扯远了，现在开始正经考虑一下，当我老了，我希望过什么样的生活——我希望我一生的努力得到回馈，社会能够给予老年人更好的保障和庇护，可以在没人陪伴的时候也能无障碍出行、就医、运动、交友，可以不必担心会被飞速进步的社会抛弃，安度晚年。

那么问题来了，想要实现理想的晚年生活，此时此刻的我们应该做些什么？拼命工作挣钱，投资理财储蓄，争取更高的社会地位？

那万一破产了呢？万一金融危机银行倒闭了呢？万一本以为稳稳的行业在一夜之间就被人工智能全面取代了呢？那些苦苦挣扎了一辈子，却因为天生贫富差距造成的资源不对等而终其一生都无法从社会底层爬起来的老年人，又该怎么办呢？没人知道意外和明天哪一个会先来，谁又能保证自己的财富和地位，不会在意外来临的时候瞬间崩塌？

所以这些都不是保障晚年幸福的根本。唯一的保障之道，是全力促进和推动社会制度的完善，包括福利、保险、医疗，以及法律。只有完善的制度才能够无论贫富、不分阶层地保障和庇护所有曾为社会进步贡献过青春的老人们。

大多数人都害怕衰老，当我想象自己的晚年生活时，也多少有那么一点忐忑，但生老病死虽然无常，却也是无法避免的人生之寻常。唯有趁青春还在、热血未冷的当下，竭尽全力去改变哪怕一点点现状，让50年后年老色衰的自己少一些遗憾，回顾一生时觉得活得有价值，那样的话我就能不畏老去，成为一个豁达乐观的萌老头儿。

希望到那个时候，你们依然爱我。

图书在版编目(CIP)数据

现实扭曲力场：AI时代的律师智慧／谭万潇著．--
北京：法律出版社，2018
ISBN 978-7-5197-2155-8

Ⅰ．①现… Ⅱ．①谭… Ⅲ．①律师－工作 Ⅳ．
①D916.5

中国版本图书馆CIP数据核字(2018)第068298号

现实扭曲力场
——AI时代的律师智慧
XIANSHI NIUQU LICHANG
—AI SHIDAI DE LÜSHI ZHIHUI

谭万潇 著

策划编辑 杨大康
责任编辑 杨大康
装帧设计 汪奇峰

出版 法律出版社
总发行 中国法律图书有限公司
经销 新华书店
印刷 天津嘉恒印务有限公司
责任校对 杨锦华
责任印制 吕亚莉

编辑统筹 法律应用·大众读物出版第二分社
开本 710毫米×1000毫米 1/16
印张 15
字数 176千
版本 2018年5月第1版
印次 2018年5月第1次印刷

法律出版社／北京市丰台区莲花池西里7号(100073)
网址／www.lawpress.com.cn
投稿邮箱／info@lawpress.com.cn
举报维权邮箱／jbwq@lawpress.com.cn
销售热线／010-63939792
咨询电话／010-63939796

中国法律图书有限公司／北京市丰台区莲花池西里7号(100073)
全国各地中法图分、子公司销售电话：
统一销售客服／400-660-6393
第一法律书店／010-63939781/9782　西安分公司／029-85330678　重庆分公司／023-67453036
上海分公司／021-62071639/1636　深圳分公司／0755-83072995

书号：ISBN 978-7-5197-2155-8　**定价**：60.00元
(如有缺页或倒装，中国法律图书有限公司负责退换)